15분 집중의 힘
1등 하는 공부 습관

용선생 15분
한국사 독해

4

개항기~현대

사회평론

용선생 15분 한국사 독해

구성과 활용

안녕, 친구들! '용쓴다, 용써!' 용선생이야!
앞으로 나와 함께 매일 하루 15분, 우리 역사의 주요 인물들을 만나 보자.
이야기를 읽다 보면 주인공이 어떤 시대에 살았고, 무슨 생각을 했는지도
잘 이해할 수 있을 거야. 매일 꾸준히만 읽으면 너도 어느새
한국사 척척 박사가 될걸! 역사반 친구들도 함께할 테니 기대해도 좋아.
그럼 역사 인물을 만나러 떠나 볼까?

 1 하루 15분, 역사 인물 이야기 **읽기!**

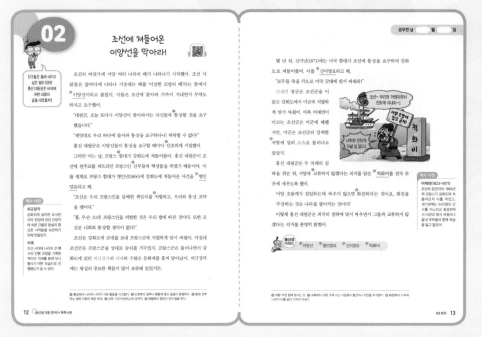

안녕! 나는 장하다야!
인물들의 이야기를 읽다 보면
그 시대 속으로 풍덩
빠져 버릴 거야!

한국사 옛 인물들의 재미있는 이야기를 읽어 보자. 주인공의 대사와 그림을 보다 보면 그 시대에 들어와 있는 것처럼 생생하게
느껴질 거야. **용선생 키워드**는 시험에 나오는 **핵심 키워드**이니 잊지 말고 다시 한번 살펴보자! 파란색 단어는 역사 사전 을 참고해.
초등학교 사회 교과서에 나오는 역사 개념은 물론 이야기에 나오는 지역이 지도에서 어디쯤인지 확인할 수 있지! 또 숫자로 표시된
낱말은 지문 아래에 뜻풀이를 해두었으니 잘 이해했는지 확인해 보자!

2 문제로 내용 확인하고 어휘력 확장하기!

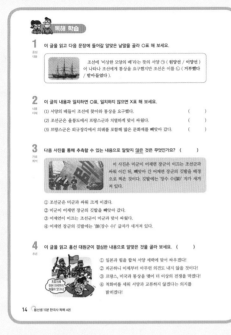

난 나선애야! 다양한 문제를 풀다 보면 생각하는 힘이 쑥쑥 자랄 거야!

나는 왕수재! 마지막 어휘 문제도 빠짐없이 풀어 보길 바라. 한국사 공부가 더욱 쉬워질 거야.

문제를 풀면서 내용을 확인해 보자. 중심 내용 찾기, 내용 이해, 추론 등 **다양한 유형의 문제**를 풀다 보면 용선생이 뽑은 **키워드가 머릿속 깊이** 새겨질 거야. 문제가 안 풀린다고? 걱정 마! 다시 앞으로 가서 이야기를 확인하면 돼. 독해 학습 문제를 풀며 읽은 내용을 정리하고, 용선생 키워드도 다시 한번 확인해 보자. 어휘 학습 문제도 풀어 봐. 오늘 읽은 지문 속 필수 어휘가 머릿속에 쏙쏙 들어올 거야.

3 키워드로 복습하기!

나는 곽두기야. 역사 놀이터에서 신나게 놀아 볼래?

나는 허영심이야. 지금 QR 코드를 검색해 인물 이야기를 들어 봐!

인물의 이야기를 음원으로 듣기!

실감 나는 오디오 음원을 통해 읽은 내용을 되새겨 봐. 이야기가 오랫동안 기억에 남을 거야.

앞서 배운 1주 5회차의 키워드들을 재미난 퀴즈를 풀며 떠올려 보자. **역사 놀이터**에서 가로세로 키워드 찾기, 키워드 찾기 대작전. 키워드로 비밀 숫자 찾기 등을 하며 읽은 내용을 **재미있게 복습**할 수 있어. 공부한 내용이 새록새록 떠오를 거야.

용선생 15분 한국사 독해 차례

서양의 여러 나라들이 무기를 들고
조선의 문을 두드렸어. 조선은 어떤 선택을 했을까?

1주

○ 1866년
병인양요

○ 1871년
신미양요

○ 1876년
강화도 조약
체결

○ 1884년
갑신정변

○ 1894년
동학 농민 운동

01

흥선 대원군, 나라의 질서를 바로잡다

흥선군의 아들이 왕이 되었어! 권력을 잡은 흥선 대원군은 어떤 정책을 내놓았을까?

대궐처럼 큰 집 앞에 사람들이 줄지어 서 있었어. 백성들은 그 모습을 보며 혀를 끌끌 찼지.

"오늘도 돈을 주고 관직❶을 사려는 사람들이 가득하구먼!"

"왕비 집안사람들이 권력을 마구 휘두르니 큰일이오. 저들이 관직을 사고팔 뿐만 아니라 백성들에게 거둔 세금❷까지도 빼돌린다고 하니 나라가 점점 어려워지는 게 아니겠소?"

그 모습을 유심히 지켜보던 사람이 있었어. 겉으로는 별 볼 일 없어 보였지만, 사실은 왕의 먼 친척인 흥선군이었지.

'나라 꼴이 엉망이구나. 하지만 잘못 나섰다가는 어찌 될지 몰라. 일단은 몸을 낮추고 기회를 엿보자. 언젠가는 반드시 나라의 질서를 바로잡고 왕실의 권위를 다시 세우리라!'

그러던 어느 날 철종 임금이 뒤를 이을 왕자 없이 세상을 떠났어. 그러자 철종과 먼 친척이었던 흥선군의 둘째 아들이 왕위❸에 오르게 되었지. 그가 바로 조선의 26대 왕 고종이야. 당시 고종은 12살의 어린아이였기 때문에 흥선군이 '왕의 친아버지'라는 뜻의 '대원군'이 되어 나라를 대신 다스렸지.

'나라의 질서를 바로잡으려면 우선 탐욕스러운❹ 관리와 양반들부터 손봐야 해!'

☆흥선 대원군은 그동안 생각했던 나라의 문제점들을 하나씩 바로잡아 나가기 시작했어. 그는 가장 먼저 전국의 ☆서원을 정리했지.

"원래 서원은 유학❺을 공부하기 위해 만든 곳이다. 그런데 지금은 서원을

역사 사전

서원
조선 시대에 지방에 세워진 사립 학교야. 본받을 만한 학자에게 제사를 지내고 학생들을 교육하는 곳이었지.

❶ **관직** 나랏일을 하는 자리. ❷ **세금** 나랏일을 하기 위해 국민한테서 거두어들이는 돈. ❸ **왕위** 임금의 자리. ❹ **탐욕스럽다** 사물을 지나치게 탐하는 욕심이 있다. ❺ **유학** 공자의 가르침을 바탕으로 정치와 도덕을 공부하는 학문.

관리한다는 핑계로 백성들에게 돈을 걷고, 강제로 일을 시키며 괴롭히고 있으니 가만둘 수 없다."

홍선 대원군은 600개가 넘게 있던 서원 가운데 47개의 서원만 남겨 두고 모두 없앴어. 양반들은 속이 부글거렸지만, 백성들은 환영했지.

홍선 대원군은 백성들을 위해 또 다른 정책^❻도 내놨어.

"앞으로는 양반들도 ✿군포를 내도록 하라."

군포란 군대에 가는 대신 내던 세금이야. 양반들은 나랏일을 한다는 핑계로 군포를 면제^❼받았고, 그 대신 백성들이 점점 더 많은 군포를 내게 되어 매우 힘들어하고 있었지.

"안 됩니다! 양반도 군포를 내게 되면 백성과 다를 게 무엇입니까? 백성들이 우리 양반을 무시하고 깔보게 될 것입니다."

양반들이 반대하고 나서자 홍선 대원군은 이렇게 말할 뿐이었어.

"백성들에게 깔보이고 싶지 않다면 양반들 스스로가 행동을 바르게 하면 될 것 아니오?"

결국 홍선 대원군의 명령을 따라 양반들도 군포를 내게 되면서 백성들의 부담은 줄어들었어. 이같이 홍선 대원군은 여러 정책을 실시하며 양반들의 횡포를 막고, 왕실의 권위도 다시 세우려 했어.

> **역사 사전**
>
> **군포**
> 군대를 가는 대신 세금으로 내던 옷감이야. 조선 시대에 성인 남자들은 군대에 가는 의무가 있었는데, 지배층인 양반은 군대에 가는 의무가 없어서 군포를 내지 않았지.

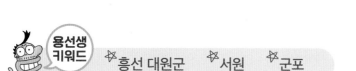

용선생 키워드 ✿흥선 대원군 ✿서원 ✿군포

---

❻ **정책** 정치를 잘하거나 사회 문제를 해결하려고 내놓은 방법. ❼ **면제** 책임이나 의무를 지지 않음.

1 이 글을 읽고 다음 문장에 들어갈 알맞은 낱말을 골라 ○표 해 보세요.

중심
내용

> 흥선 대원군은 전국의 ㉠ (서원 / 의원)을 정리하고 ㉡ (노비 / 양반)에게도 군포를 내게 하는 정책을 실시했다.

2 이 글의 내용과 일치하면 ○표, 일치하지 않으면 ✗표 해 보세요.

내용
이해

(1) 흥선 대원군은 철종의 먼 친척이다. ( )

(2) 흥선 대원군은 철종이 죽자 스스로 왕이 되었다. ( )

(3) 흥선 대원군이 서원을 없애자 양반들은 환영했다. ( )

3 이 글의 인물들이 어떤 생각을 했을지 예상해 보고 선으로 이어 보세요.

인물
이해

(1) 흥선 대원군 •

(2) 백성 •

(3) 양반 •

• ㉠ 양반들이 군포를 내면 우리들의 부담이 줄어들겠어!

• ㉡ 그동안 내지 않아도 됐던 군포를 내라니! 백성들이 우릴 깔보면 어떡해!

• ㉢ 나라의 질서를 바로잡겠어. 탐욕스러운 양반들을 손볼 테야!

4 이 글의 흥선 대원군이 다음과 같이 말한다면 그 까닭은 무엇인가요? ( )

내용
이해

 전국의 서원을 47개만 남기고 모두 없애야겠다!

① 서원이 백성들의 휴식 공간이 되었기 때문이다.

② 서원이 오래돼 무너질 위험성이 있었기 때문이다.

③ 서원이 물건을 사고파는 장소로 바뀌었기 때문이다.

④ 서원에서 백성들에게 돈을 걷고 강제로 일까지 시켰기 때문이다.

5 빈칸을 채우며, 이 글의 내용을 정리해 보세요.

핵심
정리

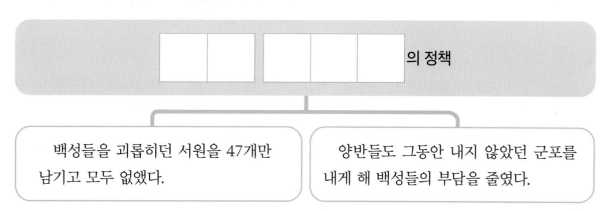

| | | 의 정책 |

백성들을 괴롭히던 서원을 47개만 남기고 모두 없앴다.

양반들도 그동안 내지 않았던 군포를 내게 해 백성들의 부담을 줄였다.

어휘 학습

6 낱말의 알맞은 뜻을 찾아 선으로 이어 보세요.

어휘
복습

(1) 유학 •

• ① 나랏일을 하는 자리.

(2) 정책 •

• ② 공자의 가르침을 바탕으로 정치와 도덕을 공부하는 학문.

(3) 관직 •

• ③ 정치를 잘하거나 사회 문제를 해결하려고 내놓은 방법.

7 빈칸에 들어갈 알맞은 낱말을 보기 에서 찾아 문장을 완성해 보세요.

어휘
적용

보기   구역   세금   왕위   탐욕

(1) 정부는 가난한 사람들에게 _____을 면제해 주었다.
ㄴ, 나랏일을 하기 위해 국민한테서 거두어들이는 돈.

(2) 영국의 엘리자베스 여왕은 70여 년 동안 _____에 있었다.
ㄴ, 임금의 자리.

02

조선에 쳐들어온 이양선을 막아라!

친구들은 돌에 새기고 싶은 말이 있어? 흥선 대원군은 비석에 어떤 내용의 글을 새겼을까?

조선의 바닷가에 서양 여러 나라의 배가 나타나기 시작했어. 조선 사람들은 앞바다에 나타나 기웃대는 배를 '이상한 모양의 배'라는 뜻에서 ⁂이양선이라고 불렀지. 이들은 조선에 찾아와 가까이 지내면서 무역도 하자고 요구했어.

"대원군, 오늘 또다시 이양선이 찾아와서는 자신들과 ❶통상할 것을 요구했습니다."

"제멋대로 우리 바다에 들어와 통상을 요구하다니! 허락할 수 없다!"

흥선 대원군은 이양선들이 통상을 요구할 때마다 ❷단호하게 거절했어.

그러던 어느 날, 프랑스 ❸함대가 강화도에 쳐들어왔어. 흥선 대원군이 조선에 천주교를 퍼뜨리던 프랑스인 ❹신부들과 백성들을 죽였기 때문이야. 이를 핑계로 프랑스 함대가 병인년(1866)에 강화도에 쳐들어온 사건을 ⁂병인양요라고 해.

"조선은 우리 프랑스인을 살해한 책임자를 ❺처벌하고, 우리와 통상 조약을 맺어라."

"흥, 무슨 소리! 프랑스인을 처벌한 것은 우리 법에 따른 것이다. 또한 조선은 너희와 통상할 생각이 없다!"

조선은 강화도에 군대를 보내 프랑스군과 치열하게 맞서 싸웠어. 마침내 조선군은 프랑스군을 상대로 승리를 거두었지. 프랑스군은 물러나면서 강화도에 있던 외규장각의 의궤와 수많은 문화재를 훔쳐 달아났어. 외규장각에는 왕실의 중요한 책들이 많이 보관돼 있었거든.

역사 사전

외규장각
강화도에 설치한 도서관이야. 한양에 있던 규장각에 속한 건물로 왕실의 중요한 서적들을 보관하기 위해 만들었지.

의궤
조선 시대에 나라의 큰 행사의 진행 과정을 기록한 책이야. 의궤를 통해 당시 행사가 어떤 모습으로 진행됐는지 알 수 있어.

---

❶ **통상하다** 나라와 나라가 서로 물품을 사고팔다. ❷ **단호하다** 말투나 행동에 맺고 끊음이 분명하다. ❸ **함대** 전투하는 배로 이뤄진 해군 부대. ❹ **신부** 가톨릭(천주교)의 성직자. ❺ **처벌하다** 잘못이 있어 벌을 주다.

몇 년 뒤, 신미년(1871)에는 미국 함대가 조선에 통상을 요구하며 강화도로 쳐들어왔어. 이를 ☆신미양요라고 해.

"모두들 죽을 각오로 미국 군대에 맞서 싸워라!"

어재연 장군은 조선군을 이끌고 강화도에서 미군과 치열하게 맞서 싸웠어. 비록 어재연이 이끄는 조선군은 미군에 패했지만, 미군은 조선군의 강력한 [6]저항에 밀려 스스로 물러나고 말았지.

홍선 대원군은 두 차례의 침략을 겪은 뒤, 서양과 [7]교류하지 않겠다는 의지를 담은 ☆척화비를 전국 곳곳에 세우도록 했어.

'서양 오랑캐가 침입하는데 싸우지 않으면 [8]화친하자는 것이요, 화친을 주장하는 것은 나라를 팔아먹는 짓이다!'

이렇게 홍선 대원군은 외국의 침략에 맞서 싸우면서 그들과 교류하지 않겠다는 의지를 분명히 밝혔어.

역사 사전

어재연(1823~1871)
조선의 장군이야. 1866년에 프랑스가 강화도에 쳐들어오자 이를 막았고, 1871년에는 600명의 군사를 거느리고 광성보에서 미군과 맞서 싸웠으나 끝내 부하들과 함께 목숨을 잃고 말았어.

 **용선생 키워드** ☆이양선 ☆병인양요 ☆신미양요 ☆척화비

---

[6] **저항** 어떤 힘에 맞서는 것. [7] **교류하다** 다른 곳에 사는 사람들이 서로 물건이나 의견을 주고받다. [8] **화친하다** 나라와 나라가 다툼 없이 가까이 지내다.

1 이 글을 읽고 다음 문장에 들어갈 알맞은 낱말을 골라 〇표 해 보세요.

중심
내용

조선에 '이상한 모양의 배'라는 뜻의 서양 ㉠ (원양선 / 이양선)
이 나타나 조선에게 통상을 요구했지만 조선은 이를 ㉡ (거부했다
/ 받아들였다).

2 이 글의 내용과 일치하면 〇표, 일치하지 않으면 ✕표 해 보세요.

내용
이해

(1) 서양의 배들이 조선에 찾아와 통상을 요구했다. ( )

(2) 조선군은 울릉도에서 프랑스군과 치열하게 맞서 싸웠다. ( )

(3) 프랑스군은 외규장각에서 의궤를 포함해 많은 문화재를 빼앗아 갔다. ( )

3 다음 사진을 통해 추측할 수 있는 내용으로 알맞지 않은 것은 무엇인가요? ( )

자료
해석

이 사진은 미군이 어재연 장군이 이끄는 조선군과
싸워 이긴 뒤, 빼앗아 간 어재연 장군의 깃발을 배경
으로 찍은 것이다. 깃발에는 '장수 수(帥)' 자가 새겨
져 있다.

① 조선군은 미군과 싸워 크게 이겼다.

② 미군이 어재연 장군의 깃발을 빼앗아 갔다.

③ 어재연이 이끄는 조선군이 미군과 맞서 싸웠다.

④ 어재연 장군의 깃발에는 '帥(장수 수)' 글자가 새겨져 있다.

4 이 글의 흥선 대원군이 다음 장면 이후에 결심한 내용으로 알맞은 것을 골라 보세요.

추론

( )

프랑스에
이어 미국까지
쳐들어오다니!

① 일본과 힘을 합쳐 서양 세력에 맞서 싸우겠다!

② 피곤하니 이제부터 아무런 의견도 내지 않을 것이다!

③ 프랑스, 미국과 통상을 맺어 더 이상의 전쟁을 막겠다!

④ 척화비를 세워 서양과 교류하지 않겠다는 의지를
밝히겠다!

5 빈칸을 채우며, 이 글의 내용을 정리해 보세요.

핵심
정리

> 이양선이 조선 앞바다에 나타나 통상을 요구했다.

⬇

> 프랑스군과 미군은 ㉠ ☐☐☐ 에 침입해 조선군과 전투를 벌였다.

⬇

> 흥선 대원군은 전국에 ㉡ ☐☐☐ 를 세워 서양 세력과 교류하지
> 않겠다는 뜻을 널리 알렸다

어휘 학습

6 낱말의 알맞은 뜻을 찾아 선으로 이어 보세요.

어휘
복습

(1) 함대 •   • ① 전투하는 배로 이뤄진 해군 부대.

(2) 화친하다 •   • ② 나라와 나라가 서로 물품을 사고팔다.

(3) 통상하다 •   • ③ 나라와 나라가 다툼 없이 가까이 지내다.

7 밑줄 친 낱말이 잘못 쓰인 문장을 골라 보세요. (   )

어휘
적용

① 뚜렷한 증거 없이 사람을 함부로 처벌하면 안 된다.

② 멀리 외국에 있는 친구와 편지로 교류하며 우정을 쌓았다.

③ 경찰은 잡히지 않으려고 거세게 저항하는 범인을 붙잡았다.

④ 누나는 매번 남의 부탁을 거절하지 못하는 단호한 성격이다.

03

강화도 조약으로
나라의 문을 열다

조선 관리들의 표정이
좀 불편해 보여.
강화도 조약에는
어떤 내용이 담겨 있을까?

프랑스와 미국 함대가 강화도에 쳐들어와 통상을 요구한 지 몇 해가 흘렀어. 이번에는 일본의 운요호라는 군함이 강화도 앞바다에 나타났지. 이들은 허락도 없이 강화도를 향해 점점 더 가까이 다가왔어.

"펑! 펑!"

조선군은 경고하기 위해 일본 배의 앞쪽으로 포를 몇 발 쏘았어. 그러자 일본 배는 기다렸다는 듯이 조선군을 향해 포를 마구 쏘아 대었지. 그리고 조선 땅에 올라와 사람들을 마구 죽이고 무기까지 빼앗아 갔어. 이 사건을 일본 배의 이름을 따 운요호 사건이라고 해.

일본은 이 사건을 구실로 통상 조약을 맺을 것을 요구했어.

"우리는 강화도를 잠깐 둘러보려고 했을 뿐인데, 조선군이 우리를 공격해 큰 피해를 보았소! 조선은 우리와 조약을 맺어 이 일을 책임지시오!"

먼저 쳐들어왔으면서 오히려 조선을 탓하다니 이상하지? 하지만 조선도 계속 일본의 요구를 무시할 수는 없었어. 이 무렵 조선의 고종도 나라에 변화가 필요하다고 생각했기 때문이야.

"세상이 변하고 있으니 우리 조선도 계속 문만 걸어 잠그고 있을 수만은 없소. 신헌 장군이 강화도로 가서 이 문제를 해결하고 오시오."

강화도에 도착한 신헌은 깜짝 놀라고 말았어. 일본 대표가 군대를 데리고 와 하늘에 대포를 쏘아 대며 힘자랑을 하고 있었거든.

일본 대표는 신헌에게 자신들의 요구 조건을 말했어.

"일본 상인이 조선에서 물건을 사고팔 수 있게 조선의 항구를 열어 주시

역사 사전

운요호
1868년 일본이 영국에서 수입한 배야. 조선에서 생각한 이양선과 같은 모양이었지. 당시 일본은 서양 함대의 압박에 못 이겨 나라의 문을 열었는데, 이번에는 자신들이 조선에 이 방법을 쓴 거야.

---

❶ **군함** 군대가 바다에서 전투하는 데 이용하는 배. ❷ **조약** 나라와 나라 사이에 지켜야 할 항목을 정해서 약속하는 것. ❸ **조건** 어떤 일을 이루기 위해 갖추어야 하는 것.

오. 또 일본 배가 조선 앞바다를 자유롭게 돌아다닐 수 있게 하고, 혹시 일본인이 조선에서 잘못을 저질러도 조선의 법이 아니라 일본의 법으로 처리하게 해 주면 되오."

신헌은 일본의 요구만 담긴 조약의 내용이 공평하지[4] 못하다는 생각이 들었어. 일본이 조선의 바다를 자유롭게 돌아다니면 조선의 약점[5]을 파악해 나중에 쉽게 쳐들어올 수 있기 때문이야. 게다가 일본인이 우리 백성을 해쳐도[6] 우리의 법으로 처벌할 수 없으니 참으로 불리한 내용이었지.

하지만 신헌의 보고를 받은 고종은 조선의 개항[7]을 더는 미룰 수 없겠다고 판단했어[8]. 결국 고종은 일본과 통상 조약을 맺도록 했지. 이 조약을 ☆강화도 조약이라고 해. 강화도 조약은 우리나라가 외국과 맺은 최초의 근대적 조약이었지만 불평등한 내용이 가득했지.

 ☆운요호 사건   ☆강화도 조약

역사 사전

근대
역사의 시대 구분 중 하나야. 이전 시대와는 정치, 사회, 경제, 문화적으로 완전히 변화한 시대이지. 우리나라는 보통 개항을 하게 된 강화도 조약 때부터 근대가 시작된 것으로 보고 있어.

---

❹ **공평하다** 어느 쪽으로도 치우치지 않고 고르다. ❺ **약점** 모자라거나 떳떳하지 못한 점. ❻ **해치다** 다치게 하거나 죽이다. ❼ **개항** 다른 나라와 무역을 할 수 있게 항구를 열어 배가 드나드는 것을 허락함. ❽ **판단하다** 형편을 헤아려 생각을 정하다.

1 이 글의 중심 내용으로 알맞은 것은 무엇인가요? (   )

중심
내용

① 강화도를 공격한 일본

② 고종의 명령을 받은 신헌 장군

③ 조선이 일본과 맺은 강화도 조약

④ 나라의 문을 걸어 잠그고 있던 조선

2 이 글을 읽고 내용을 잘못 이해한 친구를 찾아 이름을 써 보세요.

내용
이해

> 선애: 일본은 운요호 사건을 핑계로 조선에 조약을 맺을 것을 요구했어.
>
> 영심: 고종은 강화도에 신헌 장군을 보내 문제를 해결하라고 했어. 조선이 언제까지
> 나 계속 문을 걸어 잠그고 있을 수만은 없다고 생각했기 때문이야.
>
> 수재: 강화도 조약은 조선과 일본 모두에게 공평한 조약이었어.

―――――――

3 다음 사건 노트를 읽고, 이 글의 내용과 일치하지 않는 것을 골라 보세요. (   )

내용
적용

> **강화도 조약 사건 노트**   일시: 1875~1876년 장소: 강화도
>
> 　요약: 강화도 앞바다에 ① 일본 군함인 운요호가 나타나 조선 사람들을 죽이고 무
> 기를 빼앗아 가는 사건이 발생함. 일본은 이를 구실로 ② 조선에 통상을 요구함. ③
> 조선의 고종은 일본과의 대화를 거부하며 일본과 전쟁을 벌였지만 지고 말았음. ④ 조
> 선이 일본과 근대적 조약을 맺음.

4 이 글을 읽고 강화도 조약의 내용으로 알맞은 것을 골라 보세요. (   )

내용
이해

① 앞으로 일본 상인은 조선에서 장사할 수 없다.

② 일본인이 조선에서 잘못을 저질렀을 때는 조선의 법으로 처리한다.

③ 일본 상인이 조선에서 물건을 사고팔 수 있도록 조선은 항구를 열어 준다.

④ 일본 배가 조선의 바다를 돌아다닐 때에는 조선 정부의 허락을 받아야 한다.

5 빈칸을 채우며, 이 글의 내용을 정리해 보세요.

핵심
정리

우리나라가 맺은 최초의 근대적 조약인 ㉠ ☐☐☐ 조약	
배경	• 일본이 ㉡ ☐☐☐ 사건을 구실로 통상 조약을 체결할 것을 요구했다.
내용	• 조선은 일본 상인에게 자신들의 항구를 열어 준다. • 일본 배가 조선의 바다를 자유롭게 돌아다닐 수 있다. • 일본인이 조선에서 잘못을 저질러도 일본의 법으로 처리한다.
특징	• 우리나라가 맺은 최초의 근대적 조약이자 불평등한 내용이 많은 조약이다.

어휘 학습

6 낱말의 알맞은 뜻을 찾아 선으로 이어 보세요.

어휘
복습

(1) 군함 • • ① 어떤 일을 이루기 위해 갖추어야 하는 것.

(2) 조약 • • ② 군대가 바다에서 전투하는 데 이용하는 배.

(3) 조건 • • ③ 나라와 나라 사이에 지켜야 할 항목을 정해서 약속하는 것.

7 밑줄 친 낱말의 뜻이 다음과 같은 것을 골라 보세요. (   )

어휘
적용

다른 나라와 무역을 할 수 있게 항구를 열어 배가 드나드는 것을 허락함.

① 포탄을 맞은 군함이 끝내 바닷속으로 가라앉았다.
② 다른 사람의 약점을 떠벌리는 것은 나쁜 행동이다.
③ 경찰은 여러 증거를 토대로 그가 범인이라는 판단을 내렸다.
④ 인천은 개항 이후 수많은 외국인들이 활발하게 오가는 곳이 되었다.

04

조선을 바꾸려다
3일 만에 실패한 김옥균

김옥균이 동료들과 함께 일을 꾸민 것 같지? 과연 김옥균이 꿈꾼 조선은 어떤 모습일까?

개항 이후 조선에는 다른 나라의 문화나 기술이 많이 소개되었어. 조선의 젊은 관리들 가운데는 적극적으로 외국의 문화를 받아들이는 '*개화'를 해야 한다고 주장하는 사람도 생겨났지. 특히 *김옥균은 일본을 본받아 서양의 기술은 물론 법과 제도까지 모두 받아들여야 한다고 생각했어.

'지금의 관리들은 청나라에 기대고 있을 뿐 제대로 된 개혁①을 하지 못하고 있어. 일본처럼 서양의 법과 제도까지 받아들여야 나라를 발전시킬② 수 있다고!'

김옥균은 뜻을 함께 하는 사람들을 모아 청나라에 기대려는 관리들을 몰아내기 위한 작전을 세웠어. 김옥균은 동료들③과 함께 우정총국의 축하 잔치가 열리는 날 정변④을 일으켜 새로운 정부를 세우기로 했어. 이들은 일본으로부터 군대를 보내 주겠다는 약속도 받아 냈지.

마침내 정변을 계획한 날이 되었어. 우정총국에서 잔치가 시작되자 갑자기 밖에서 큰 불길이 일어나기 시작했어.

역사 사전

우정총국
1884년에 설치된 우리나라 최초의 우편 업무를 담당하던 관청이야. 오늘날의 우체국을 말해.

"불이야!"

'지금이로구나!'

김옥균과 동료들은 청나라에 기대려는 관리들을 제거하고 권력을 차지했어. 이 사건을 갑신년(1884)에 일어났다고 해 *갑신정변이라고 해.

관리들을 몰아낸 김옥균은 왕의 이름

---

❶ **개혁** 제도나 기구를 새롭게 고침. ❷ **발전하다** 전보다 좋은 상태나 높은 단계로 나아가다. ❸ **동료** 일터나 단체에서 함께 일하는 사람. ❹ **정변** 반란이나 혁명으로 인해 나라를 다스리던 권력이 바뀌는 일.

20 용선생 15분 한국사 독해 4

을 빌려 그동안 자신이 꿈꿔 왔던 개혁안을 발표했어.

첫째, 조선은 청나라에 대한 조공⁵을 바치지 않고 높은 나라로 떠받들지 않는다.

둘째, 사람들을 평등하게 대하고 능력에 따라 관직을 준다.

(이하 생략)

김옥균은 조선이 청나라의 간섭⁶에서 벗어나길 바랐어. 또 신분 제도를 없애 양반과 천민 구분 없이 누구나 능력만 있으면 관리가 될 수 있는 사회를 만들고자 했지. 하지만 그들은 일본에 기대어 일을 꾸몄기 때문에 백성들에게 환영받지 못했어.

김옥균이 정변을 일으킨 지 3일째 되던 날, 청나라 군대가 들이닥쳤어. 일본군은 청나라 군대에 밀리자 그대로 도망가 버리고, 김옥균과 동료들도 뿔뿔이 흩어지고 말았지.

조선을 새롭고 강한 나라로 바꾸겠다는 김옥균의 꿈은 이렇게 3일 만에 물거품⁷이 되어 버렸어.

용선생 키워드   ☆김옥균   ☆개화   ☆갑신정변

역사 사전

갑신정변

갑신년(1884)에 일어난 정변이야. 김옥균과 박영효, 홍영식, 서광범, 서재필 등이 갑신정변을 일으킨 주인공들이지. 이들은 일본을 모델로 새로운 문물을 적극적으로 받아들여야 조선이 발전할 수 있다고 생각했어.

---

❺ **조공** 약한 나라가 강한 나라에 바치던 돈이나 물건. ❻ **간섭** 남의 일에 쓸데없이 끼어드는 것. ❼ **물거품** 애써 한 일이 쓸모없게 된 상태를 빗대어 이르는 말.

1

중심
내용

이 글의 중심 내용으로 알맞은 것은 무엇인가요? (   )

① 청나라에 기대려고만 하는 관리들

② 김옥균이 이끈 갑신정변의 전개 과정

③ 우정총국 축하 잔치에 모인 여러 관리들

④ 정변을 일으킨 김옥균과 동료들을 공격하는 청나라군

2

내용
이해

이 글의 내용과 일치하면 ○표, 일치하지 않으면 X표 해 보세요.

(1) 김옥균은 청나라에 의지해 개화 정책을 실시했다.　　　　　　　　　(   )

(2) 일본은 김옥균과 동료들에게 군대를 보내 주기로 약속했다.　　　　(   )

(3) 김옥균은 동료들과 함께 우정총국 축하 잔치를 이용해 정변을 일으켰다. (   )

3

추론

이 글을 읽고 빈칸에 들어갈 장면으로 알맞은 것을 골라 보세요. (   )

우정총국에서 정변을
일으킨 김옥균

김옥균이 세운 정권을
무너뜨린 청나라 군대

① 개화에 반대하는 김옥균　　　　② 개혁안을 발표하는 김옥균

③ 강화도 조약을 맺는 김옥균　　　④ 김옥균에게 군대를 보내기로 약속한 일본

4

내용
적용

다음 질문에 대한 김옥균의 대답으로 알맞은 것을 <u>모두</u> 골라 보세요. (,   )

기자: 김옥균 님, 권력을 잡은 후 발표한 개혁안에는 어떤 내용이 담겨 있나요?

① 청나라에 기대는 정치를 하지 않겠다는 마음을 담았습니다.

② 스스로 왕이 되어 나라를 개혁하겠다는 내용을 담았습니다.

③ 신분에 상관없이 누구나 관리가 될 수 있다는 생각을 담았습니다.

④ 청나라 군대의 도움을 받아 강한 나라를 만들자는 내용을 담았습니다.

5 빈칸을 채우며, 이 글의 내용을 정리해 보세요.

핵심
정리

> 보기   김옥균   김유신   우정총국   청나라

ㄱ_____은 청나라에 기대려는 세력들을 몰아내고 정권을 잡고자 했다. 그와 동료들은 ㄴ_____ 축하 잔치에서 정변을 일으켜 권력을 차지했지만 청나라군의 개입으로 3일 만에 실패하고 말았다.

어휘 학습

6 뜻풀이에 알맞은 낱말을 골라 ○표 해 보세요.

어휘
복습
(1) 제도나 기구를 새롭게 고침. ……………………………………… (개인 / 개혁)
(2) 남의 일에 쓸데없이 끼어드는 것. ……………………………… (간섭 / 간접)
(3) 약한 나라가 강한 나라에 바치던 돈이나 물건. ………………… (조공 / 조약)

7 빈칸에 들어갈 알맞은 낱말을 보기에서 찾아 문장을 완성해 보세요.

어휘
적용

> 보기   간섭   동료   발전   정변   조공

(1) 군인들이 _____을 일으키자 온 나라가 혼란스러웠다.
　　　└ 반란이나 혁명으로 인해 나라를 다스리던 권력이 바뀌는 일.

(2) 경제가 급속도로 _____하면서 환경 오염이 심각해졌다.
　　　└ 전보다 좋은 상태나 높은 단계로 나아가는 것.

(3) 언니는 매년 크리스마스 날 회사 _____들과 봉사 활동을 했다.
　　　└ 일터나 단체에서 함께 일하는 사람.

05

전봉준, 농민들과 함께 일어서다

친구들, 농민들이 참고 참다가 결국 들고일어났어. 그들은 무엇을 지키려고 싸웠던 걸까?

고종이 나라를 다스리던 때 전라도 고부에 백성들을 괴롭히는 나쁜 관리가 있었어. 그는 백성들의 재물을 빼앗아 자신의 배를 두둑이 채우기 바빴지. 사람들은 마을에서 글을 가르치는 ✡전봉준을 찾아가 말했어.

"선생님, 더는 못 참겠습니다. 나쁜 관리에게 이렇게 뜯기고 나면 우리는 도저히 먹고살 수가 없습니다."

"나도 그렇게 생각하오. 탐관오리❶를 내쫓고 빼앗긴 곡식을 되찾읍시다!"

전봉준은 동학을 믿던 백성들을 이끌고 고부 관아❷를 공격했어. 이 소식을 들은 정부는 사건을 해결하라고 관리를 내려 보냈지. 하지만 한양에서 내려온 관리는 사건을 잘 해결하기보다는 백성들만 벌주기에 바빴어.

"더 이상 참을 수 없다! 썩어 빠진 관리들을 없애 나라를 바로잡자!"

곳곳에서 사람들이 동학 농민군과 함께하겠다고 찾아 왔지. 전봉준은 이들과 함께 들고일어나 한 달 만에 전라도에서 제일 큰 고을인 전주성까지 차지했어.

"전하, 전주성이 동학 농민군에게 넘어갔습니다! 동학 농민군의 기세를 꺾어야 합니다!"

당황한 조선 정부는 급히 청나라에 도움을 요청했어. 청나라가 조선에 군대를 보내자 일본도 덩달아❸ 군대를 보내왔지. 동학 농민군은 조선 땅에 외국 군대가 들어오는 것을 막기 위해 군대를 해산❹하고 고향으로 내려갔어. 하지만 조선에 들어온 외국의 군대는 좀처럼 물러가지 않았지. 오히려 일본은 우리나라를 차지하려고 경복궁으로 쳐들어가기까지 했어. 전봉준

역사 사전

고부
전라북도 정읍에 있는 면이야. 전봉준은 봉기를 일으켜 이곳의 관아를 공격했지.

동학
1860년에 최제우가 유교와 불교, 도교를 통합해 만든 종교야. 동학은 모든 사람이 평등하다고 주장했지. 그래서 많은 백성들이 동학을 믿게 되었어.

---

❶ **탐관오리** 백성들의 재물을 탐내어 빼앗고 못된 짓을 일삼는 관리. ❷ **관아** 옛날에 관리들이 모여 나라의 일을 보던 곳. ❸ **덩달아** 일이 돌아가는 형편도 모른 채 남이 하는 대로 따라서. ❹ **해산하다** 모였던 사람이 흩어지다.

과 동학 농민군은 이를 두고만 볼 수 없었지.

"감히 경복궁을 쳐들어가다니! 일본군이 우리 조선을 집어삼키기 전에 우리가 놈들을 물리칩시다!"

전봉준과 동학 농민군은 더 큰 적과 맞서 싸우기 위해 무기를 들었어. 처음에는 가족과 마을을 지키기 위해 나쁜 관리들을 공격했지만, 이제는 외적⑤으로부터 나라를 지키기 위해 나선 거야.

경복궁을 차지한 일본은 조선 정부를 압박⑥해 함께 동학 농민군을 공격했어. 마침내 전봉준과 동학 농민군은 우금치⑦에서 관군과 일본군에 맞서 최후의 전투를 벌이게 되었지.

"동학 농민군을 모조리⑧ 쏴 없애라!"

"으악! 저들의 공격을 도저히 이길 수가 없구나!"

동학 농민군은 목숨을 걸고 싸웠지만, 최신식 무기를 갖춘 일본군에 크게 밀려 지고 말았어. 그리고 동학 농민군을 이끌던 전봉준도 체포되어 목숨을 잃었지. 이렇게 전봉준과 동학 농민군이 나라와 백성을 구하려고 일어난 사건을 ☆동학 농민 운동이라고 해. 비록 동학 농민 운동은 실패했지만, 나라를 지키려고 한 전봉준과 농민군의 정신은 오래오래 기억되고 있어.

역사 사전

우금치
충청남도 공주에 있는 고개로 공주 남쪽을 지키는 관문이야. 이곳에는 동학 농민 운동 때 목숨을 잃은 농민군을 위로하는 탑이 세워져 있어.

우금치

용선생 키워드   ☆전봉준   ☆동학 농민 운동

---

⑤ **외적** 다른 나라에서 쳐들어오는 적. ⑥ **압박하다** 힘으로 내리누르다. ⑦ **관군** 국가에 소속된 군대. ⑧ **모조리** 하나도 남김없이 모두.

1 이 글을 읽고 알맞은 선을 그어 중심 문장을 완성해 보세요.

중심
내용

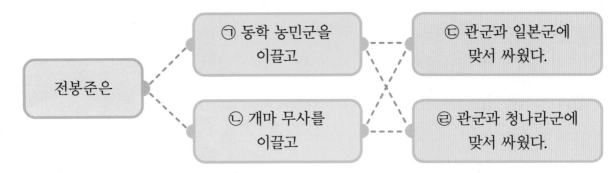

전봉준은

㉠ 동학 농민군을
이끌고

㉡ 개마 무사를
이끌고

㉢ 관군과 일본군에
맞서 싸웠다.

㉣ 관군과 청나라군에
맞서 싸웠다.

2 이 글의 전봉준에 대한 설명으로 알맞지 <u>않은</u> 것은 무엇인가요? (   )

인물
이해

① 백성들을 이끌고 고부 관아를 공격했다.

② 동학 농민군과 함께 전주성을 공격해 차지했다.

③ 나쁜 관리와 손잡고 동학 농민군에 맞서 싸웠다.

④ 외국의 군대가 조선에 들어오려고 하자 군대를 해산하고 돌아갔다.

3 이 글을 영화로 만들었어요. 영화의 장면을 순서대로 나열해 보세요.

내용
적용

㉠ 전주성을 차지한
동학 동민군

㉡ 고부 관아를 공격한
백성들

㉢ 우금치에서 패배한
동학 농민들

(   ) ➡ (   ) ➡ (   )

4 이 글을 읽고 다음 빈칸에 들어갈 알맞은 지역을 써 보세요.

지도
읽기

동학 농민군은 [   ]에서 관군, 일본군과
최후의 전투를 벌였지만 끝내 지고 말았다.

_____

▶ 정답과 풀이 4쪽

5 빈칸을 채우며, 이 글의 내용을 정리해 보세요.

핵심
정리

> ㉠ [　　][　　][　　] 이 동학 농민군을 이끌고 고부 관아를 공격했다.

⬇

> 한양에서 내려온 관리는 백성들을 붙잡는 데에만 열중했다. 동학 농민군은
>
> 봉기를 일으켜 전라도의 큰 고을인 ㉡ [　　][　　][　　] 을 차지했다.

⬇

> 일본군이 경복궁을 쳐들어가자 전봉준과 동학 농민군은 우금치에서 관군과
> 일본군에 맞서 싸웠지만 지고 말았다.

어휘 학습

6 낱말의 알맞은 뜻을 찾아 선으로 이어 보세요.

어휘
복습

(1) 관군 •

(2) 탐관오리 •

(3) 해산하다 •

• ① 국가에 소속된 군대.

• ② 모였던 사람이 흩어지다.

• ③ 백성들의 재물을 탐내어 빼앗고 못된 짓을 일삼는 관리.

7 보기 에서 알맞은 낱말을 찾아 밑줄 친 말을 바꾸어 써 보세요.

어휘
적용

| 보기 | 관아 | 압박 | 외적 | 함대 |

(1) 관덕정은 제주도에 위치한 옛날에 관리들이 모여 나라의 일을 보던 곳이다.

➡ 관덕정은 제주도에 위치한 (　　　　　　)이다.

(2) 고구려는 다른 나라에서 쳐들어오는 적의 침입을 막기 위해 수많은 성을 쌓았다.

➡ 고구려는 (　　　　　　)의 침입을 막기 위해 수많은 성을 쌓았다.

아래에 있는 가로세로 열쇠 힌트를 읽고, 알맞은 키워드를 넣어 가로세로 역사 퍼즐을 완성해 보세요.

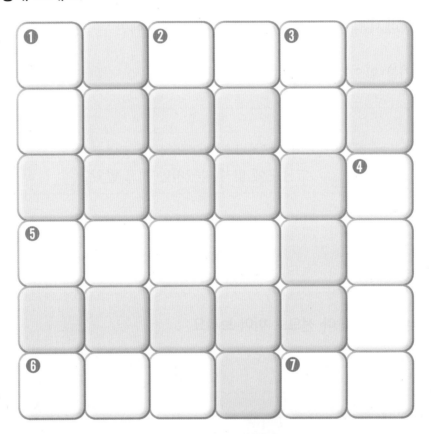

 가로 열쇠

❷ 왕의 친아버지를 이르는 말이야. 흥선 군은 아들이 왕이 되자 흥선 ○○○이 되었어.

❺ 김옥균이 정변을 일으켜 청나라에 기대려는 관리들을 제거하고 권력을 차지한 사건을 말해.

❻ ○○○ 조약은 조선과 일본이 체결한 통상 조약을 말해. 이 조약은 우리나라가 외국과 맺은 최초의 근대적 조약이야.

❼ 어재연은 강화도에 쳐들어온 ○○ 군대와 치열하게 맞서 싸우다 목숨을 잃었어.

 세로 열쇠

❶ 전봉준은 농민과 이를 믿는 백성들과 함께 ○○ 농민 운동을 일으켰어. ○○은 1860년에 최제우가 만든 종교야.

❸ 조선 시대에 군대를 가는 대신 냈던 세금이야. 백성들은 점점 더 많은 ○○를 내게 되어 매우 힘들어 했어.

❹ 김옥균은 ○○○○의 축하 잔치가 열리는 날, 정변을 일으키기로 했어.

조선이 나라의 문을 연 뒤 많은 것이 달라졌어.
앞으로 조선에는 어떤 일이 펼쳐질까?

2주

1895년
을미사변

1896년
아관파천,
독립 협회 설립

1897년
대한 제국 수립

1905년
을사늑약

06 조선의 길을 찾아 나선 명성 황후

조선의 왕비가 위험해!
일본은 왜 명성 황후를
없애려고 했을까?

22살이 된 고종은 10년 동안 왕의 역할을 대신하던 흥선 대원군을 제치고 직접 나라를 다스렸어. 고종의 가장 가까운 동지였던 왕비도 고종 곁에서 나랏일에 대해 많은 조언을 해 주었지.

"전하, 세상이 크게 변하고 있습니다. 이제는 조선도 외국에 문을 열고 새로운 문물을 받아들여야 합니다."

"나도 그렇게 생각하오. 하지만 문을 열면, 저 힘센 여러 나라들이 우리를 가만두지 않으려고 할 테니 걱정이오."

"어느 한 나라와 친하게 지낼 것이 아니라 여러 나라와 외교 관계를 맺는 것이 어떻겠습니까? 저들이 서로서로 경쟁하게 만든다면, 어느 나라도 우리 조선을 함부로 삼키려 들지는 못할 것입니다."

왕비는 프랑스와 미국, 러시아 등 여러 나라의 외교관 부인들과 자주 만나며 가까운 사이로 만들었어. 이제 왕비는 나라 안팎에서 주목받는 인물이 되었지.

한편 일본은 조선 땅에서 벌인 청나라와의 전쟁에서 크게 이겼어. 이후 일본은 조선의 일에 제멋대로 간섭하기 시작했지. 고종의 고민은 깊어져만 갔어.

"왕비, 일본이 청나라를 이겼다고 우쭐해 우리를 마음대로 휘두르려 하니 어찌하면 좋겠소?"

"전하, 일본의 간섭에서 벗어나려면 더 강한 나라를 끌어들이는 것이 좋겠습니다."

---

❶ **동지** 목적이나 뜻이 같은 사람. ❷ **조언** 남에게 도움이 되도록 거들거나 깨우쳐 주는 말. ❸ **외교관** 외국에 머무르면서 자기 나라를 대표하여 외교 일을 하는 관직. ❹ **우쭐하다** 한껏 뽐내다.

"어느 나라가 좋겠소?"

"러시아라면 일본도 겁낼 것입니다. 제가 러시아 외교관과 친분[5]을 두텁게 해 두었으니 도움을 받을 수 있을 것입니다."

왕비는 러시아와 손잡고 일본을 견제[6]하려고 했어. 일본은 그런 왕비를 눈엣가시처럼 여겼지.

"조선을 차지하려는 계획이 왕비 때문에 틀어지게 생겼습니다."

"이대로는 안 되겠다. 자객[7]을 보내 왕비를 없애라!"

일본인 자객들은 궁궐을 습격해 왕비를 잔인하게 죽이고는 시신까지 불태웠어. 고종은 왕비를 잃고 큰 슬픔과 분노에 빠졌지만, 일본의 협박 때문에 아무것도 하지 못한 채 눈물을 삼킬 수밖에 없었지. 이것을 을미년(1895)에 일어난 끔찍한 사건이란 뜻에서 ✡을미사변이라고 불러. 훗날 고종은 왕비를 잊지 않고, 왕비의 이름을 '✡명성 황후'로 높여 주었지.

용선생 키워드   ✡명성 황후   ✡을미사변

역사 사전

명성 황후

조선의 왕비들은 죽은 뒤 '○○ 왕후'라는 호칭으로 불렸어. 고종은 황제의 자리에 오른 뒤 일본 자객에게 죽임을 당한 왕비를 '명성 황후'로 높여 주었어.

---

[5] **친분** 아주 가깝고 친하게 지내면서 든 정. [6] **견제하다** 상대방이 마음대로 하지 못하게 방해하다. [7] **자객** 사람을 몰래 죽이는 일을 전문으로 하는 사람.

 **독해 학습**

1 이 글을 읽고 다음 문장에 들어갈 알맞은 낱말을 골라 ○표 해 보세요.

중심
내용

> 고종을 도와 조선의 외교에 힘쓴 ㉠ (**명성 황후** / **흥선 대원군**)는(은) 일본이 보낸 자객들에게 죽임을 당했는데, 이 사건을 ㉡ (**갑신정변** / **을미사변**)이라고 한다.

2 이 글의 내용과 일치하면 ○표, 일치하지 않으면 X표 해 보세요.

내용
이해

(1) 흥선 대원군은 고종이 죽을 때까지 계속해서 나라를 다스렸다. ( )

(2) 일본은 청나라와의 전쟁에서 승리하고 조선의 일을 제멋대로 간섭했다. ( )

(3) 왕비는 일본을 견제하기 위해 러시아를 끌어들이려고 했다. ( )

3 이 글의 명성 황후에 대한 설명으로 알맞은 것을 <u>모두</u> 선으로 이어 보세요.

인물
이해

㉠ 일본 자객에게 죽임을 당했다.

㉡ 고종 곁에서 나랏일에 대해 많은 조언했다.

㉢ 조선도 새로운 문물을 받아들여야 한다고 생각했다.

4 이 글을 읽고 다음에서 설명하는 사건의 이름을 써 보세요.

자료
해석

> 일본인 장교는 외국인 사바틴에게 왕비가 있는 곳을 여러 차례 물었다. 하지만 사바틴이 가르쳐 주지 않았다. 일본 자객들은 궁궐의 여러 방을 샅샅이 뒤져 마침내 조금 더 깊은 방안에서 왕비를 찾아내고는 칼로 베었다. 『대한계년사』

___

5
핵심
정리

빈칸을 채우며, 이 글의 내용을 정리해 보세요.

| 보기 | 러시아 | 미국 | 영국 | 일본 | 청나라 |

명성 황후는 일본이 청나라와의 전쟁에서 이긴 뒤, 조선에 대한 간섭이 심해지자

㉠_____를 끌어들여 일본을 견제하려고 했다. 그러자 다급해진

㉡_____은 자객을 보내 왕비를 잔인하게 살해했다. 이 끔찍한 사건

을 을미사변이라고 한다.

어휘 학습

6
어휘
복습

뜻풀이에 알맞은 낱말을 골라 ○표 해 보세요.

(1) 상대방이 마음대로 하지 못하게 방해하다. ····················· (견제하다 / 협동하다)

(2) 사람을 몰래 죽이는 일을 전문으로 하는 사람. ······················ (자객 / 첩자)

(3) 남에게 도움이 되도록 거들거나 깨우쳐 주는 말. ······················ (예언 / 조언)

7
어휘
적용

빈칸에 들어갈 알맞은 낱말을 보기에서 찾아 문장을 완성해 보세요.

| 보기 | 군함 | 동지 | 외교관 | 정면 | 친분 |

(1) 우리는 어려운 일을 이겨 내며 비로소 _____가 되었다.
   ∟ 목적이나 뜻이 같은 사람.

(2) 수지는 _____인 아버지를 따라 여러 나라를 돌아다녔다.
   ∟ 외국에 머무르면서 자기 나라를 대표하여 외교 일을 하는 관직.

(3) 김 박사와 나는 형과 동생 사이로 지낼 정도로 _____이 두텁다.
   ∟ 아주 가깝고 친하게 지내면서 든 정.

07

고종, 조선을 황제의 나라로!

고종이 나라의 이름을 바꿨대! 어떤 이름으로 바꿨는지 궁금해!

일본은 명성 황후를 없앤 뒤 친일[1] 세력을 이용해 조선을 마음대로 주물렀어. 이를 지켜보던 ☆고종은 큰 한숨을 내쉬었지.

"조선은 이미 일본의 손아귀[2]에 들어갔다. 내가 할 수 있는 일이 아무것도 없으니 큰일이구나."

그때 한 신하가 고종에게 다가가 조용히 말했어.

"전하, 궁궐을 빠져나가 러시아 공사관[3]으로 몸을 옮기십시오. 러시아가 우리를 보호해 주기로 했습니다."

"일본군이 둘러싸고 있는 궁궐을 어찌 빠져나간단 말인가?"

"일본군은 궁녀들이 타는 가마는 건드리지 않는다고 합니다. 이를 타고 새벽에 몰래 빠져나가시면 됩니다."

이른 새벽, 고종은 궁녀의 가마를 타고 경복궁을 떠나 러시아 공사관으로 탈출했어. 고종은 러시아 공사관에 머물면서 일본에 빌붙은[4] 관리들을 모조리 몰아내는 등 일본의 간섭에서 벗어나려고 했지. 그러나 고종이 러시아 공사관에 머무르는 기간이 길어질수록 조선에 러시아의 영향력이 점점 더 커지게 되었어.

"내가 비록 러시아 공사관에 있다고 하나, 내가 꿈꾸는 나라는 다른 어떤 나라의 간섭도 받지 않는 완전한 독립국이다! 그래, 이젠 떠나야 해."

결국 고종은 1년 만에 러시아 공사관을 떠나 경운궁으로 돌아왔어.

고종은 전 세계에 조선이 독립 국가임을 알려야 한다고 생각했어. 그래서 환구단을 짓고, 이곳에서 황제 즉위식[6]을 하였지. 그동안 조선은 중국

역사 사전

경운궁
고종이 러시아 공사관에서 돌아온 뒤 거처로 이용하던 궁궐이야. 훗날 순종이 황제가 된 뒤, 덕수궁으로 이름이 바뀌었지.

---

❶ **친일** 일본과 친하게 지냄. ❷ **손아귀** 어떤 세력의 힘이 미치는 범위. ❸ **공사관** 다른 나라에 나간 관리들이 외교 업무를 하는 곳. ❹ **빌붙다** 다른 사람한테 잘 보이려고 애쓰다. ❺ **환구단** 하늘과 땅에 제사를 올리려고 둥글게 쌓은 단. ❻ **즉위식** 여러 사람 앞에서 임금의 자리에 오르는 것을 알리는 의식.

의 황제를 섬기는 왕의 나라였는데,
이제는 스스로 황제의 나라가 되었다
고 선포한 거야.

"나는 지금 황제의 자리에 올랐다.
새 나라의 이름은 ☆대한 제국이라
고 한다."

고종은 어느 나라의 간섭도 받지
않는 독립국이 되겠다고 선포한⁷ 뒤,
대한 제국⁸의 이름으로 개혁을 하기 시작했어.

"우리의 옛것에 뿌리를 두면서 새로운 것을 참고해 나라를 바로잡도록
하라!"

고종은 나라의 땅을 꼼꼼히 조사해 세금을 고루 거두려 했어. 또 서양의
지식과 기술을 받아들여 전기와 교통 시설도 만들었지. 이렇게 고종은 변
화하는 세상에 발맞춰 나라의 살림을 튼튼히 하고 백성들의 삶을 안정시
키려고 노력했어.

☆고종   ☆대한 제국

역사 사전

황제

황제는 왕이나 제후를 거느리고 나라를 다스리는 임금을 말해. 그동안 조선의 왕은 중국 황제의 밑에 있었어. 그런데 고종은 하늘에 제사를 지내는 환구단을 세우고 스스로 황제로 즉위함으로써, 이제 중국과 동등한 위치에 서겠다고 나선 거야.

❼ **선포하다** 세상에 널리 알리다. ❽ **제국** 황제가 다스리는 나라.

1
중심 내용

이 글의 중심 내용을 바르게 말한 사람을 찾아 ○표 해 보세요.

㉠ 대한 제국의 황제가 된 고종	㉡ 친일 관리들을 몰아낸 고종	㉢ 궁녀의 가마를 탄 고종

 □   □   □

2
내용 이해

이 글을 읽고 일이 일어난 순서대로 기호를 써 보세요.

㉠ 조선의 왕비가 일본의 자객에게 죽임을 당했다.	㉡ 고종이 러시아 공사관에 한동안 머물렀다.	㉢ 고종이 궁녀의 가마를 타고 경복궁에서 몰래 빠져 나갔다.	㉣ 고종이 러시아 공사관을 떠나 경운궁으로 돌아왔다.

(㉠) ➡ ( ) ➡ ( ) ➡ ( )

3
내용 이해

이 글의 고종이 다음과 같이 말한다면 그 까닭은 무엇인가요? ( )

이제 우리나라는 황제의 나라가 되었다!

① 힘을 키워 다른 나라를 침략하기 위해서
② 전쟁을 막아 세계의 평화를 지키기 위해서
③ 러시아 대신에 일본과 친하게 지내기 위해서
④ 다른 나라의 간섭을 받지 않는 독립국이 되기 위해서

4
추론

이 글을 읽고 다음 뉴스에 이어질 상황으로 알맞은 것을 <u>모두</u> 골라 보세요. (,)

고종은 대한 제국을 세운 뒤, 여러 개혁을 실시했습니다.

① 전기와 교통 시설을 만들었다.
② 일본과 강화도 조약을 맺었다.
③ 나라의 땅을 조사해 세금을 고루 매겼다.
④ 외세의 침략을 막아 내겠다는 척화비를 세웠다.

5 빈칸을 채우며, 이 글의 내용을 정리해 보세요.

핵심
정리

왕비를 잃은 고종이 ㉠ ☐☐☐ 공사관으로 몸을 피했다.

⬇

고종이 경운궁으로 돌아온 뒤, 황제의 자리에 오르고

㉡ ☐☐ ☐☐ 을 세웠다.

⬇

고종은 옛것에 뿌리를 두면서 새로운 것도 참고하며 개혁을 펼쳤다.

어휘 학습

6 낱말의 알맞은 뜻을 찾아 선으로 이어 보세요.

어휘
복습

(1) 친일 •

(2) 공사관 •

(3) 환구단 •

• ① 일본과 친하게 지냄.

• ② 하늘과 땅에 제사를 올리려고 둥글게 쌓은 단.

• ③ 다른 나라에 나간 관리들이 외교 업무를 하는 곳.

7 밑줄 친 낱말이 **잘못** 쓰인 문장을 골라 보세요. (   )

어휘
적용

① 신부님은 두 사람이 부부가 되었음을 <u>선포했다</u>.

② 박 사장은 평소 탐내던 그 땅을 마침내 <u>손아귀</u>에 넣었다.

③ 영국의 엘리자베스 2세는 <u>즉위식</u>을 갖고 왕의 자리에 올랐다.

④ 대한민국은 국민이 직접 뽑은 대통령이 나라를 이끄는 <u>제국</u>이다.

08

서재필, 독립 협회에서
자주독립을 꿈꾸다

서재필이 조선의 개혁을 돕기 위해 미국에서 돌아왔대! 나도 함께 돕고 싶어!

조선은 주변의 강한 나라들로부터 많은 간섭을 받고 있었어. 미국에 살고 있던 ☆서재필은 이것을 매우 안타깝게 생각했지.

"조선은 하루빨리 나라의 힘을 키워 자주독립[1] 국가가 되어야 한다!"

서재필은 미국에서 돌아와 조선의 개혁을 돕기 위해 발 벗고 나섰어. 그가 가장 먼저 한 일은 신문을 만드는 일이었지.

"나라의 힘을 키우기 위해서는 백성들을 일깨워[2] 주는 것이 중요합니다. 그 역할에는 신문이 제격이지요. 신문을 통해 나라가 하는 일을 백성들에게 알리고, 백성들의 의견을 모아서 나라에 전달할 수 있습니다!"

"좋습니다! 정부도 적극적으로 서재필 님을 돕겠습니다."

서재필은 신문을 만들고 ☆『독립신문』이라는 이름을 붙였어. 『독립신문』은 한자를 모르는 백성들도 읽을 수 있도록 한글로 만들었고, 외국 사람들에게도 우리나라의 상황을 제대로 알리기 위해 영어로도 만들었지.

서재필이 『독립신문』을 세상에 선보이자 남녀노소[3] 상관없이 여러 분야의 많은 사람들이 사 보았어.

"『독립신문』 덕분에 우리들도 나라에서 하는 일을 알 수 있어!"

"한글로 쓰여 있으니 한자를 몰라도 읽을 수 있지!"

서재필은 『독립신문』에 새로운 사상[4]과 제도를 소개하며 백성을 일깨우고 자주독립 정신을 드높였어.

서재필은 여기서 그치지 않았어.

"조선은 그동안 영은문[5]에서 중국 사신을 맞이했습니다. 이제 영은문 주[6]

역사 사전

영은문
중국 사신을 맞이하던 문이야. 당시에는 문은 헐려 버리고 주춧돌만 남아 있었어.

---

❶ **자주독립** 다른 나라의 간섭을 받거나 기대지 않고 스스로 자기 일을 처리함. ❷ **일깨우다** 가르치거나 일러 주어 깨닫게 하다. ❸ **남녀노소** 남자와 여자, 늙은이와 젊은이. 곧 모든 사람. ❹ **사상** 생각이나 의견. ❺ **사신** 임금의 명령을 받고 다른 나라에 가는 신하. ❻ **주춧돌** 기둥 밑에 기초로 받쳐 놓은 돌.

춧돌 앞에 독립문을 세워 조선이 더 이상 어느 나라의 간섭도 받지 않는 독립국이라는 사실을 널리 알립시다!"

서재필은 자신과 같은 생각을 가진 사람들을 모아 *독립 협회를 만들었어. 그리고 독립문을 세우기 위한 성금을 모았지. 많은 사람들이 주머니를 털어 돈을 냈어.

"지금 독립문을 세우는 데에 필요한 성금을 내고, 독립 협회의 회원이 되어 주세요!"

"자, 여기 돈을 받으시오! 이 돈으로 독립문을 세워 자주독립의 뜻을 널리 알려 주시오!"

마침내 서재필과 독립 협회는 사람들이 낸 돈을 모아 독립문을 세울 수 있었어. 서재필이 독립문으로 조선의 자주독립의 의지를 세계에 알린 거야.

 용선생 키워드　　＊서재필　　＊「독립신문」　　＊독립 협회

---

❼ 협회 같은 일을 하는 사람들이 만든 모임.　❽ 성금 정성을 들여 좋은 마음으로 내는 돈.

1 이 글의 서재필에 대한 설명으로 알맞은 것을 모두 선으로 이어 보세요.

중심
내용

ㄱ 『독립신문』을 발행함.

ㄷ 동학 농민군을 이끎.

서재필

ㄴ 경복궁을 세움.

ㄹ 독립문을 세움.

2 이 글의 내용과 일치하면 ○표, 일치하지 않으면 ✕표 해 보세요.

내용
이해

(1) 조선은 주변의 강한 나라들로부터 간섭을 받았다. ( )

(2) 서재필은 조선의 개혁을 돕기 위해 미국에서 돌아왔다. ( )

(3) 독립 협회는 사람들에게 강제로 돈을 거둬 독립문을 세웠다. ( )

3 다음 신문에 대해 알맞게 설명한 친구는 누구인가요? ( )

자료
해석

▲ 『독립신문』

① 두기: 서재필이 만든 신문이야.

② 하다: 순 한자로만 쓰인 신문이야.

③ 선애: 영어로 쓰인 신문은 없었어.

④ 영심: 나이 많은 어른들만 사서 읽었어.

4 다음 빈칸에 들어갈 낱말에 대한 설명으로 알맞은 것을 골라 보세요. ( )

내용
이해

독립 협회는 [ ] 의 주춧돌 앞에 독립문을 세워 조선의 자주독립 의지를 세계에 알렸다.

① 왕과 왕비가 머무르던 궁궐이다. ② 일본 사신이 머무르던 여관이다.

③ 한양에서 맛 좋기로 유명한 식당이다. ④ 중국 사신을 맞이하기 위해 세운 문이다.

5

핵심
정리

빈칸을 채우며, 이 글의 내용을 정리해 보세요.

⊙ [　][　][　] 이 한 일
• 『ⓒ [　][　] 신문』을 만들었다. • 독립 협회를 세웠다. • 백성들의 성금을 모아 독립문을 세웠다.

어휘 학습

6

어휘
복습

낱말의 알맞은 뜻을 찾아 선으로 이어 보세요.

(1) 사신 •

(2) 남녀노소 •

(3) 자주독립 •

• ① 임금의 명령을 받고 다른 나라에 가는 신하.

• ② 남자와 여자, 늙은이와 젊은이. 곧 모든 사람.

• ③ 다른 나라의 간섭을 받거나 기대지 않고 스스로 자기 일을 처리함.

7

어휘
적용

보기 에서 알맞은 낱말을 찾아 밑줄 친 말을 바꾸어 써 보세요.

보기   사상   성금   작살   주춧돌

(1) 할머니는 정성을 들여 좋은 마음으로 내는 돈을 모아 불우 이웃에게 전달했다.

➡ 할머니는 (　　　　　　)을 모아 불우 이웃에게 전달했다.

(2) 옛날에는 집을 지을 때 기둥 밑에 기초로 받쳐 놓은 돌을 튼튼히 하고 기둥을 세웠다.

➡ 옛날에는 집을 지을 때 (　　　　　　)을 튼튼히 하고 기둥을 세웠다.

09

새로운
근대 문물을 받아들이다

> 대한 제국 사람들도 서양 옷을 입기 시작했대! 사람들의 모습이 어떻게 바뀌었을까?

우리나라는 개항 이후 다양한 ☆근대^① 문물을 받아들였어. 대한 제국 시기에 살던 영도 씨의 하루를 통해 당시의 생활 모습을 엿볼까?

아침부터 영도 씨가 분주하게 움직이고 있어. 시내에서 친구와 함께 활동사진^②을 보기로 했기 때문이야. 영도 씨는 서둘러 옷매무새^③를 가다듬고는 시내로 나섰어.

"영도, 오랜만일세!"

영도는 친구를 만났어. 그리고 조잘조잘 이야기하기 시작했지.

"우리가 활동사진을 다 보고 말이야. 사진 속의 사람들이 살아 움직인다니 정말 기대되네!"

"나도 그렇다네. 그런데 영도, 이 먼 곳까지 어떻게 왔나?"

"길이 멀어 전차^④를 탔지. 처음엔 전기로 움직인다는 전차가 무섭기도 했는데, 이제는 익숙해졌네."

"황제께서 새로운 문물을 적극적으로 받아들인 뒤, 세상이 많이 바뀌었네. 전차도 그렇고, 가로등^⑤을 설치해 컴컴했던 거리도 환해졌으니 말이야."

영도 씨는 친구와 이야기하다가 개항 이후 자신들의 생활이 많이 바뀌었음을 깨달았어.

"오늘 전차를 타고 오면서 보니 서양 사람처럼 옷을 입은 사람들이 꽤 늘었더군."

> 전차 덕분에 약속에 늦지 않겠어!

---

❶ **문물** 문화가 발전하면서 사람이 만들어 낸 학문, 예술, 기술과 같은 것을 이르는 말. ❷ **활동사진** 영화를 이르는 옛말. ❸ **옷매무새** 옷을 입은 모양새. ❹ **전차** 공중에 설치한 전선에서 전기를 받아 철길 위를 다니는 차. ❺ **가로등** 길가를 따라 세워 놓은 전등.

"세련된 양복을 입은 남자들도 많지만, 서양 옷을
입고 양산으로 얼굴을 가려 멋을 낸 여자도 있더
군. 옷뿐만이 아닐세. 처음 보는 음식들도 많아."

"황제께서 즐겨 드신다는 가배 말인가?"

"지난번 호텔에 갔을 때 마셔 보았는데, 정말 쓰더
군. 한 모금 마시고 다 뱉어 버렸지 뭐야!"

"자네 멋쟁이가 되긴 글렀구먼."

영도 씨의 말에 친구는 웃음을 터뜨렸어. 이들은 또 지난번에 본 건물을
떠올렸어.

"영도, 지난번 나와 함께 지붕이 뾰족하게 생긴 명동 성당 구경 갔던 날
기억나는가?"

"그럼! 초가집, 기와집만 보다가 그렇게 이상하게 생긴 건물은 처음 봐서
입이 떡 벌어졌지. 그런데 이제는 서양식으로 지은 건물이 여럿 생겼어."

"궁궐 안에도 서양식 건물을 세우고 그곳에서 가배를 마시고 외국 손님들
을 만난다고 하던데…… 우리도 언젠가 그런 집에 살 날이 오겠지?"

두 사람은 ✡서양식 의식주가 들어와 몇 년 만에 놀랍도록 변화한 세상
에 대해 이야기를 나누느라 시간 가는 줄 몰랐어. 활동사진이 시작되는 줄
도 모르고 말이야.

 ✡근대 문물　　✡서양식 의식주

역사 사전

명동 성당
서울 명동에 있는 천주교
성당이야. 명동 성당은 건
물의 끝을 높고 뾰족하게
짓는 고딕 양식으로 만들
어졌지. 매일 많은 사람들
이 명동 성당을 구경하러
왔다고 해.

⑥ **가배** 커피를 이르는 말. ⑦ **모금** 액체나 기체를 입 안에 한 번 머금는 양을 나타낸 말. ⑧ **의식주** 사람이 살아가는
데 꼭 필요한 입을 것, 먹을 것, 살 곳을 함께 이르는 말.

1 이 글의 중심 내용으로 알맞은 것은 무엇인가요? (   )

중심
내용

① 전기로 움직이는 전차

② 지붕이 뾰족한 명동 성당

③ 가배를 즐겨 마신 고종 황제

④ 개항 이후 변화된 의식주 생활

2 영도와 친구의 경험을 영화로 만들었어요. 영화에 <u>없는</u> 장면은 무엇인가요? (   )

내용
적용

①

가로등 아래 밤거리를
걷는 사람들

②

석가탑 앞에서
기도하는 사람들

③

서양 옷을 입고 거리를
다니는 여성들

④

명동 성당을 구경하는
사람들

3 이 글의 내용을 바르게 말한 친구는 누구인가요? (   )

내용
이해

① 영심: 양반만 활동사진을 볼 수 있었어.

② 수재: 커피는 들어오지 않아 먹을 수 없었어.

③ 하다: 길거리에 양복을 입은 사람이 많아졌어.

④ 선애: 서양식으로 지은 건물은 궁궐 안에만 세워졌어.

▶ 정답과 풀이 6쪽

4 빈칸을 채우며, 이 글의 내용을 정리해 보세요.

핵심
정리

대한 제국 시기에 변화한 의식주 생활	
옷	양복과 서양식 옷을 입은 사람들이 많아졌다.
교통	서울 거리에 ㉠ [ ][ ] 가 등장했다.
건축	명동 성당 등 서양식 건물이 곳곳에 세워졌다.
음식	여러 사람이 커피를 즐기기 시작했다.
문화	㉡ [ ][ ][ ][ ] 을 상영했다.

 어휘 학습

5 낱말의 알맞은 뜻을 찾아 선으로 이어 보세요.

어휘
복습

(1) 의식주 •

(2) 활동사진 •

(3) 가배 •

• ① 커피를 이르는 말.

• ② 영화를 이르는 옛말.

• ③ 사람이 살아가는 데 꼭 필요한 입을 것, 먹을 것, 살 곳을 함께 이르는 말.

6 밑줄 친 낱말의 뜻이 다음과 같은 것을 골라 보세요. (   )

어휘
적용

문화가 발전하면서 사람이 만들어 낸 학문, 예술, 기술과 같은 것을 이르는 말.

① 해가 져 어둑어둑해지자 가로등의 불이 켜졌다.

② 동생은 탄산음료를 몇 모금 마시더니 인상을 썼다.

③ 현서는 선생님께 인사드리기 전에 옷매무새를 가다듬었다.

④ 미국을 방문한 조선의 사신들은 서양의 문물을 보고 충격을 받았다.

10 을사늑약, 일본에 외교권을 빼앗기다

> 이토 히로부미가
> 대한 제국의 관리들을
> 협박하고 있어.
> 이토 히로부미는
> 대한 제국에 왜 온 걸까?

✻고종은 나라를 튼튼히 하기 위해 애썼지만 주변 환경은 좀처럼 좋아지지 않았어. 러시아와 일본이 호시탐탐 대한 제국을 노리고 있었거든. 급기야 러시아와 일본은 전쟁을 벌였는데, 일본이 러시아에 승리를 거두었어. 이제 일본은 대한 제국을 집어삼키는 데 ❶거침이 없었지.

그러던 어느 날, 일본의 왕이 고종에게 편지를 보냈어.

"조선을 도울 ❷특사를 ❸파견하니 그의 ❹제안에 따라 주시오."

일본에서 온 특사는 바로 이토 히로부미야. 그는 오자마자 고종을 협박했어.

"일본이 대한 제국을 보호해 드리겠습니다. 그러니 대한 제국의 ❺외교권을 일본에 넘기시지요."

고종은 이토 히로부미의 제안을 거절했어. 하지만 이토 히로부미는 대한 제국의 높은 관리들만 따로 불러 놓고는 무섭게 협박을 이어 갔어. 건물 주변에 일본 군사들을 세워 놓고 말이야.

"앞으로 우리 일본이 대한 제국의 외교를 대신해 주겠소. 어서 이 문서에 도장을 찍으시오!"

"우리나라의 외교를 일본이 대신하겠다니, 말도 안 되는 소리! 우리나라를 통째로 집어삼키겠다는 것이 아니오!"

대한 제국의 관리들은 크게 분노했어. 그러자 이토 히로부미는 자신의 제안에 반대하는 사람들을 모두 회의실 밖으로 끌어냈어.

"이게 무슨 짓이오! 그만 놓지 못하겠소!"

---

❶ **거침없다** 머뭇거리거나 망설임이 없다. ❷ **특사** 어떤 특별한 임무를 가지고 외국에 보내진 사람. ❸ **파견하다** 어떤 일을 맡겨서 사람을 보내다. ❹ **제안** 어떤 의견을 내놓는 것. ❺ **외교권** 한 나라가 다른 나라와 관계를 맺을 수 있는 권리.

하지만 5명의 관리들이 이토 히로부미의 협박에 무릎을 꿇었어.

"우리는 서명하겠소. 어디에 하면 되오?"

이토 히로부미는 그들의 서명을 받고는 조약이 맺어졌다고 일방적으로 발표해 버렸지.

을사년(1905)에 일본이 강제로 대한 제국의 외교권을 빼앗은 이 조약을 ☆을사늑약이라고 해. 늑약이라고 부르는 이유는 조약이 정당한 절차를 거치지 않고 강제로 맺어졌기 때문이야.

고종은 을사늑약을 인정할 수 없었어.

"나는 이 문서에 도장을 찍은 적이 없다. 이 조약은 무효이다!"

고종은 을사늑약이 잘못됐다는 것을 전 세계에 알리려고 했어. 그래서 미국에 비밀 편지를 보내고, 국제회의가 열리는 네덜란드 헤이그에 대한 제국의 특사를 보내기도 했지. 하지만 이러한 고종의 노력은 큰 성과를 내지 못하고 실패하고 말았어.

게다가 일본은 특사를 보낸 일을 핑계로 고종을 황제의 자리에서 강제로 물러나도록 했어. 대한 제국은 힘센 나라들 사이에서 살아남으려고 발버둥 쳤지만, 일본의 손아귀에서 벗어날 수 없었어.

용선생 키워드 ☆고종 ☆을사늑약

역사 사전

을사오적
박제순, 이지용, 이근택, 이완용, 권중현 등 다섯 명의 관리들은 을사늑약에 찬성해 도장을 찍었어. 사람들은 이들을 가리켜 을사년에 나라를 팔아먹은 다섯 명의 도둑이란 뜻에서 을사오적이라고 불러.

❻ **서명** 자기의 이름을 써넣음. ❼ **무효** 효과가 없는 것. ❽ **국제회의** 여러 나라의 대표들이 모여 나라 사이에 얽힌 일에 대해 의견을 나누는 회의.

1
중심
내용
이 글의 중심 내용으로 알맞은 것은 무엇인가요? (   )

① 러일 전쟁에서 승리한 일본   ② 네덜란드로 간 고종의 특사들

③ 끌려 나간 대한 제국의 관리들   ④ 일본에게 외교권을 빼앗긴 대한 제국

2
내용
이해
이 글의 내용과 일치하면 ○표, 일치하지 않으면 ✗표 해 보세요.

(1) 일본과 러시아가 전쟁을 벌여 러시아가 이겼다.   (   )

(2) 을사늑약으로 일본은 대한 제국의 외교권을 빼앗았다.   (   )

(3) 이토 히로부미는 일본 군인들을 동원해 대한 제국의 관리들을 협박했다.   (   )

3
추론
이 글을 읽고 빈칸에 들어갈 말로 알맞은 것을 <u>모두</u> 골라 보세요. (,   )

을사늑약이 무효인 까닭은
_____

고종

① 내가 동의하지 않았기 때문이다.

② 러시아가 허락하지 않았기 때문이다.

③ 일본에 의해 강제로 체결되었기 때문이다.

④ 이토 히로부미가 조약 체결을 거부했기 때문이다.

4
내용
이해
이 글의 이토 히로부미가 다음과 같이 말한다면 그 까닭은 무엇인가요? (   )

감히 일본 몰래 이런 짓을 벌이다니!
대한 제국의 황제가 이 일에 책임지고 자리에서 물러나지
않는다면 우리 일본과 전쟁하겠다는 뜻으로 받아들이겠소!

① 고종이 일본의 돈을 빼돌렸기 때문이다.

② 대한 제국이 일본의 영토를 공격했기 때문이다.

③ 고종이 세계에 을사늑약의 부당함을 알리려고 했기 때문이다.

④ 고종이 척화비를 세워 일본을 몰아내자고 주장했기 때문이다.

5 빈칸을 채우며, 이 글의 내용을 정리해 보세요.

핵심
정리

일본은 강제로 ㉠ □□□ 을 맺어 대한 제국의 외교권을

빼앗았다. ㉡ □□ 은 이것이 무효라는 사실을 세계에 알리려고 노력했

으나, 일본에 의해 황제의 자리에서 물러나게 되었다.

어휘 학습

6 낱말의 알맞은 뜻을 찾아 선으로 이어 보세요.

어휘
복습

(1) 특사 •

• ① 어떤 특별한 임무를 가지고 외국에 보내진 사람.

(2) 국제회의 •

• ② 한 나라가 다른 나라와 관계를 맺을 수 있는 권리.

(3) 외교권 •

• ③ 여러 나라의 대표들이 모여 나라 사이에 얽힌 일에 대해 의견을 나누는 회의.

7 대화를 읽고 빈칸에 들어갈 알맞은 낱말을 골라 보세요. (   )

어휘
적용

수지: 뉴스 봤어? 전쟁이 곧 끝날 것 같아.
지훈: 전쟁이 끝날지 어떻게 알아?
수지: 오늘 두 나라가 평화를 위해 노력하겠다는 내용의 (   )
을(를) 맺었거든.
지훈: 와! 다시는 전쟁이 일어나지 않았으면 좋겠어.

① 무효   ② 조약   ③ 파견   ④ 특사

키워드 찾기 대작전!

▶ 정답 17쪽

💡 각각의 빈칸에 들어갈 키워드를 아래 글자판에서 찾아 동그랗게 묶고, 해당 번호를 써 보세요.

❶ 명성 황후는 ○○의 간섭에서 벗어나기 위해 러시아와 손잡았어.

❷ 일본이 궁궐을 습격해 명성 황후를 잔인하게 죽인 사건을 ○○○○이라고 해.

❸ 순 한글로 만든 신문인 『독립신문』을 만든 사람은 ○○○이야.

❹ 독립 협회는 조선이 어느 나라에도 간섭 받지 않는 독립국임을 알리기 위해 영은문 주춧돌 앞에 ○○○을 세웠어.

❺ 고종은 ○○○을 짓고, 이곳에서 즉위식을 해 황제의 자리에 올랐어.

❻ ○○○○은 대한 제국 시기에 영화를 이르던 말로, 움직이는 사진이라는 뜻을 가진 말이야.

❼ ○○○○은 대한 제국의 외교를 일본이 대신 담당하겠다는 내용의 조약이야. 이 조약으로 대한 제국은 일본에게 외교권을 빼앗겼지.

부	을	을	지	문	서
자	사	활	미	방	재
식	늑	동	독	사	필
환	약	사	립	우	변
일	구	진	문	이	희
아	도	단	장❶	일	본

일본이 우리나라를 침략했어.
우리나라 사람들은 나라를 지키기 위해
어떤 노력을 했을까?

3주

- 1908년 서울 진공 작전
- 1909년 안중근, 이토 히로부미 저격
- 1910년 국권 피탈
- 1919년 3·1 운동

회차	학습 내용		핵심 키워드	교과 연계	학습 계획일
11		나라를 지키기 위해 **의병**들이 일어서다	☆ 의병 ☆ 신돌석 ☆ 서울 진공 작전	【사회 5-2】 2. 사회의 새로운 변화와 오늘날의 우리 ② 일제의 침략과 광복을 위한 노력	월 일
12		**안중근,** 이토 히로부미를 쏘다	☆ 안중근 ☆ 이토 히로부미	【사회 5-2】 2. 사회의 새로운 변화와 오늘날의 우리 ② 일제의 침략과 광복을 위한 노력	월 일
13		**일제,** 총과 칼로 우리나라를 다스리다	☆ 조선 총독부 ☆ 태형	【사회 5-2】 2. 사회의 새로운 변화와 오늘날의 우리 ② 일제의 침략과 광복을 위한 노력	월 일
14		전 재산을 독립운동에 바친 **이회영과 형제들**	☆ 이회영 ☆ 신흥 강습소 (신흥 무관 학교)	【사회 5-2】 2. 사회의 새로운 변화와 오늘날의 우리 ② 일제의 침략과 광복을 위한 노력	월 일
15		**유관순,** 죽음 앞에서도 대한 독립을 외치다	☆ 유관순 ☆ 3·1 운동	【사회 5-2】 2. 사회의 새로운 변화와 오늘날의 우리 ② 일제의 침략과 광복을 위한 노력	월 일
역사 놀이터	**키워드로 비밀 숫자 찾기!**				

11 나라를 지키기 위해 의병들이 일어서다

일본은 을사늑약을 맺어 대한 제국의 외교권을 강제로 빼앗아 갔어. 이 소식이 세상에 알려지자 사람들은 크게 분노했어.

"엉터리 조약을 당장 거둬라! 을사늑약은 무효이다!"

한양에 있던 가게들은 일제히 문을 닫아 일본에 항의❶했고, 학생들도 학교를 가지 않고 거리에 나와 조약이 무효라고 외쳤지. 또 전국 곳곳에서 수많은 백성들이 을사늑약에 반대하며 무기를 들고 일어났어. 그들은 빼앗긴 우리나라의 외교권을 되찾기 위해 ✧의병을 일으킨 거야.

올곧은❷ 선비로 이름이 높았던 최익현은 전라도 태인에서 제자들과 함께 의병을 일으켰어.

"우리는 남의 노예가 되어 버렸다. 살아 있다 해도 죽은 것과 마찬가지인데 어찌 싸우지 않을 수 있겠는가?"

최익현이 의병을 일으켰다는 소문이 나자 전국에서 수많은 사람들이 몰려와 뜻을 함께했어.

평민 출신이었던 ✧신돌석도 영해에서 의병을 일으켜 일본에 맞서 싸웠어. 신돌석이 이끄는 부대는 뛰어난 전술❸을 바탕으로 태백산맥을 누비며 일본군과 싸워 큰 승리를 거두었지.

1907년, 일본이 고종을 황제의 자리에서 끌어내리고 대한 제국의 군대마저 해산시켰어. 군인들은 분한 마음을 감출 수 없었지.

"이대로 가만히 있으면 일본이 우리나라를 완전히 집어삼킬 것이오!"

"군인으로서 익혔던 기술을 가지고 의병 부대에 들어가 함께 싸웁시다!"

역사 사전

태인과 영해
태인은 현재 전라북도 정읍군에 속한 곳이야. 영해는 오늘날 경상북도 영덕군에 속해 있지.

---

❶ **항의하다** 의견에 맞서거나 옳지 않다고 여겨 따지다. ❷ **올곧다** 마음이나 정신 상태가 바르고 곧다. ❸ **전술** 전쟁이나 경기에서 상대편과 싸우는 기술이나 방법.

대한 제국의 군인들은 의병 부대에 합류[4]했어. 그들이 참여하자 의병은 더욱 강해졌지. 전국 곳곳에서 의병들이 들고일어나 힘을 합쳐 일본과 전쟁을 벌였어. 의병들은 연합 부대를 만들어 ✩서울 진공[5] 작전을 펼치기도 했지.

일본은 죽을 힘을 다해 맞서 싸우는 의병들의 용기에 깜짝 놀랐어.

'앞으로 대한 제국을 차지하는 데 의병이 걸림돌[6]이 될 게 분명해. 의병의 씨를 완전히 말려[7] 버려야겠다!'

일본은 곳곳에서 일어난 의병들을 잔인하게 짓밟았어. 수많은 의병을 죽였을 뿐 아니라 의병을 도울지도 모른다며 평화로운 마을을 잿더미로 만들어 버리기도 했지. 점차 나라 안에서는 의병들이 활동하기가 어려워졌어.

"일본군을 피해 간도나 연해주로 갑시다. 거기서 나라의 독립을 위해 싸웁시다!"

많은 의병들은 일본의 감시와 탄압[8]을 피해 나라 밖으로 이동했어. 그리고 그곳에서 일본과의 싸움을 이어 나갔지.

용선생 키워드 ✩의병 ✩신돌석 ✩서울 진공 작전

역사 사전

간도와 연해주
간도는 중국의 동북 지역 가운데 압록강, 두만강과 맞닿은 지역이야. 연해주는 러시아의 동남쪽 끝에 있는 곳으로 두만강 위쪽의 동해와 가까운 곳이지.

서울 진공 작전
1908년, 전국에서 모여든 의병들이 서울로 진격해 일본군을 몰아내려고 했어. 의병들이 서울을 향해 나아갈 때 일제가 강하게 저항해 전투에서 후퇴하며 작전은 실패했지.

---

❹ **합류하다** 어떤 일을 하려고 여럿이 한곳에 모이다. ❺ **진공** 적을 치기 위해 앞으로 나아감. ❻ **걸림돌** 일을 하는 데 걸리거나 가로막는 것을 돌에 빗대어 이르는 말. ❼ **씨를 말리다** 어떤 것을 모조리 없애다. ❽ **탄압** 권력이나 힘으로 억지로 눌러서 꼼짝 못하게 함.

1

중심
내용

이 글의 의병에 대한 설명으로 알맞은 것을 모두 선으로 이어 보세요.

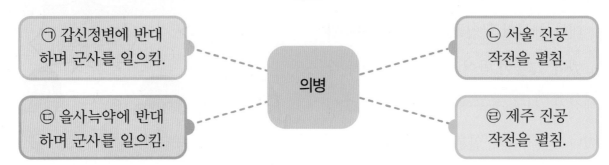

㉠ 갑신정변에 반대
하며 군사를 일으킴.

㉢ 을사늑약에 반대
하며 군사를 일으킴.

의병

㉡ 서울 진공
작전을 펼침.

㉣ 제주 진공
작전을 펼침.

2

내용
이해

이 글의 내용과 일치하면 ○표, 일치하지 않으면 X표 해 보세요.

(1) 전라도 태인에서 최익현이 의병을 일으켰다. ( )

(2) 양반 출신이었던 신돌석도 의병 부대를 꾸려 일본에 맞섰다. ( )

(3) 해산된 대한 제국의 군인들이 의병에 합류했다. ( )

3

자료
해석

이 글을 읽고 다음 밑줄 친 문장에 대한 설명으로 알맞은 것을 골라 보세요. ( )

 이 사진은 대한 제국 말에 활약했던 의병들을 찍은
것이다. 고종이 강제로 황제의 자리에서 물러나고, 대
한 제국 군대마저 해산되자 의병들의 활동은 새로운
모습을 띠게 되었다.

① 고종이 의병 활동을 멈출 것을 권했기 때문이다.

② 해산된 군인들이 의병에 합류해 힘이 강해졌기 때문이다.

③ 고종이 직접 의병들을 이끌고 일본에 맞서 싸웠기 때문이다.

④ 해산된 군인들이 일본과 힘을 합쳐 의병을 탄압했기 때문이다.

4

내용
이해

이 글을 읽고 친구들이 잘못 말한 낱말을 찾아 바르게 고쳐 보세요.

(1) 일본은 세종을 황제의 자리에서 끌어내리고 대한 제국의 군대를 해산했어.

잘못된 낱말: _____ ➡ 고친 낱말: _____

(2) 의병들은 일본의 탄압을 피해 진도와 연해주로 이동했지.

잘못된 낱말: _____ ➡ 고친 낱말: _____

5 빈칸을 채우며, 이 글의 내용을 정리해 보세요.

핵심
정리

- 백성들이 을사늑약에 반대하며 의병을 일으켰다.
- 올곧은 선비였던 최익현은 태인에서 의병을 일으켰고, 평민 출신이었던
  ㉠ ☐☐☐ 은 태백산맥을 무대로 의병 활동을 벌였다.

⬇

- 고종이 강제로 황제의 자리에서 물러나고, 대한 제국의 군대가 해산되자 의병 활동이 더욱 활발해졌다.
- 의병 연합 부대가 일본에 맞서 ㉡ ☐☐ 진공 작전을 펼쳤다.

6 뜻풀이에 알맞은 낱말을 골라 ○표 해 보세요.

어휘
복습

(1) 적을 치기 위해 앞으로 나아감. ································· (진공 / 진도)

(2) 권력이나 힘으로 억지로 눌러서 꼼짝 못하게 함. ················ (기압 / 탄압)

(3) 전쟁이나 경기에서 상대편과 싸우는 기술이나 방법. ············· (전기 / 전술)

7 대화를 읽고 빈칸에 들어갈 알맞은 말을 골라 보세요. (   )

어휘
적용

하준: 서윤아, 황소개구리에 대한 뉴스 봤어?
서윤: 응, 황소개구리가 우리나라의 환경에 피해를 준다는 내용이었지?
하준: 어떤 사람은 화가 나서 "황소개구리의 씨를 말려 버려야 한다."고 하더라.
서윤: 씨를 말리다? 그게 무슨 뜻이야?
하준: 그건 _____라는 뜻이야.

① 어떤 것을 모조리 없애다   ② 마음이나 정신 상태가 바르고 곧다

③ 어떤 일을 하려고 여럿이 한곳에 모이다   ④ 의견에 맞서거나 옳지 않다고 여겨 따지다

안중근, 이토 히로부미를 쏘다

안중근이 나라를 지키기 위해 총을 들었어. 안중근이 처단한 사람은 누구일까?

을사늑약이 강제로 체결되자,[1] 안중근은 나라의 힘을 키우는 것이 중요하다고 생각했어. 그래서 학교를 세워 아이들을 가르치는 데 힘썼지. 하지만 일본이 우리의 주권[2]마저 빼앗으려고 하자, 그는 연해주로 건너가 의병을 이끌고 일본에 맞서 싸웠어.

그러던 어느 날, 안중근은 우리나라 침략에 앞장선 이토 히로부미가 만주에 온다는 소식을 들었어. 그 소식을 듣자 안중근의 심장은 빠르게 뛰기 시작했지.

우리 민족의 원수, 이토 히로부미!

"이토 히로부미의 사악한[3] 계획으로 우리는 나라를 잃을 위기에 처했다. 그를 없애 동양의 평화를 이뤄 낼 것이다!"

안중근은 동료들을 한 곳에 모아 말했어.

"이토 히로부미를 처단해 우리나라를 침략한 일본을 벌할 작정이오."

"좋소. 우리도 자네와 함께하겠소."

안중근은 우덕순, 조도선, 유동하 등 동지들과 함께 의거[4]를 준비했어. 안중근은 하얼빈역에서 이토 히로부미를 쏘기로 했지.

1909년 10월 26일, 하얼빈역은 새벽부터 이토 히로부미를 기다리는 많은 사람들로 북적였어. 이윽고 열차의 도착을 알리는 소리가 울리고 사람들의 함성[5]이 기차역을 가득 메웠지. 안중근은 그 어느 때보다 침착하게 때를 기다렸어.

역사 사전

안중근과 동지들
우덕순과 조도선은 차이자거우역을, 안중근은 하얼빈역을 맡아 이토 히로부미를 쏘기로 했어. 그리고 유동하는 하얼빈에서 안중근의 의거가 성공할 수 있도록 도왔지.

---

❶ **체결되다** 조약이나 계약이 맺어지다. ❷ **주권** 나라의 주인으로서 가지는 권리. ❸ **사악하다** 하는 짓이나 마음이 못되다. ❹ **의거** 정의를 위해 개인이나 집단이 의로운 일을 함. ❺ **함성** 여러 사람이 함께 외치거나 지르는 소리.

열차의 문이 열리고 일본 관리들이 내리는 순간, 안중근은 이토 히로부미를 향해 성큼성큼 걸어가 한순간의 망설임도 없이 방아쇠[6]를 당겼지.

"탕! 탕! 탕!"

"으악!"

이토 히로부미가 총에 맞아 쓰러졌어. 하얼빈역은 순식간에 사람들의 비명으로 휩싸였지. 안중근은 그 자리에서 도망치지 않고 우뚝 서서 품속에서 태극기를 꺼내 흔들었어.

"코레아 우라(한국 만세)! 코레아 우라!"

안중근은 곧바로 붙잡혀 뤼순 감옥으로 보내졌어. 안중근은 재판장에서도 굽히는 기색 없이 이토 히로부미가 저지른 죄들을 당당히 밝혔지.

"이토 히로부미를 죽인 것에 대해 하느님의 이름으로 사과하오. 하지만 이토 히로부미는 우리의 주권을 빼앗고 동양의 평화를 깨뜨린 자요. 나는 조국의 독립과 동양의 평화를 위해 올바른 행동을 한 것이오!"

안중근은 한 달 뒤 사형을 당하고 말았어. 그리고 안중근의 의거 소식은 세계 여러 나라로 퍼져 나갔지. 재판 과정에서 안중근이 밝힌 생각과 함께 말이야. 안중근은 비록 안타까운 죽음을 맞이했지만, 그의 의거는 일본의 만행[7]을 세계에 알리는 데 큰 역할을 했어.

 용선생 키워드   ✷안중근   ✷이토 히로부미

---

❻ **방아쇠** 총에서 총알이 나가게 하는 장치. ❼ **만행** 아주 모질고 끔찍하거나 야만스러운 짓.

1
중심 내용

이 글을 읽고 빈칸에 들어갈 낱말을 글자판에서 찾아 동그랗게 묶어 보세요.

□□□은 하얼빈역에서 우리나라의 침략에 앞장선 이토 히로부미를 총으로 쏘았다.

안	시	성
의	중	동
병	평	근

2
인물 이해

이 글의 안중근이 한 일로 알맞은 것을 <u>모두</u> 선으로 이어 보세요.

⊙ 연해주에서 의병을 이끌고 일본에 맞서 싸웠다.

ⓛ 을사늑약이 체결된 뒤, 학교를 세워 아이들을 가르쳤다.

ⓒ 재판장에서 이토 히로부미의 죄를 당당하게 밝혔다.

3
자료 해석

다음 답사 보고서의 빈칸에 들어갈 장소로 알맞은 곳을 골라 보세요. (   )

이토 히로부미가 쓰러진 자리

안중근이 총을 쏜 자리

_____은 1909년 10월 26일, 안중근이 이토 히로부미를 처단하고 체포된 곳이다. 안중근은 이토 히로부미가 이곳에 온다는 소식을 듣고는 미리 기다리고 있다가 열차에서 내린 이토 히로부미를 총으로 쏘았다.

① 도쿄역   ② 서울역   ③ 하얼빈역   ④ 베이징역

4
내용 이해

판사의 질문에 대한 안중근의 대답으로 알맞은 것을 <u>모두</u> 골라 보세요. (,   )

판사: 이토 히로부미를 죽인 까닭이 무엇인가?

① 그가 일본을 배신했기 때문이다!

② 그가 동양의 평화를 깨뜨렸기 때문이다!

③ 그가 운요호 사건을 일으켰기 때문이다!

④ 그가 대한 제국의 침략에 앞장섰기 때문이다!

5 빈칸을 채우며, 이 글의 내용을 정리해 보세요.

핵심
정리

> 보기　　　도요토미 히데요시　　　서울역　　　이토 히로부미　　　하얼빈역

1909년 안중근은 ㉠ _____에서 우리나라를 빼앗는 데 앞장선

㉡ _____를 총으로 쏘았다. 안중근의 의거는 우리나라를 침략

한 일제의 만행을 세계에 알리는 데 큰 역할을 했다.

어휘 학습

6 낱말의 알맞은 뜻을 찾아 선으로 이어 보세요.

어휘
복습

(1) 만행 •

(2) 의거 •

(3) 주권 •

• ① 나라의 주인으로서 가지는 권리.

• ② 아주 모질고 끔찍하거나 야만스러운 짓.

• ③ 정의를 위해 개인이나 집단이 의로운 일을 함.

7 밑줄 친 낱말이 잘못 쓰인 문장을 골라 보세요. (　　　)

어휘
적용

① 마침내 두 나라 사이에 평화를 약속하는 조약이 체결되었다.

② '대한민국'을 외치는 사람들의 함성이 경기장을 가득 메웠다.

③ 일제 강점기 때 일본군이 저지른 의거는 잔인하기 짝이 없었다.

④ 사냥꾼은 방아쇠에 손가락을 걸고 사슴이 나타나기를 기다렸다.

13

일제, 총과 칼로 우리나라를 다스리다

일제가 끝내 대한 제국을 집어삼켰어! 일제는 우리 민족의 독립 의지를 꺾기 위해 어떤 일을 벌였을까?

한국 황제 폐하는 한국에 대한 ❶통치권을 대일본 제국의 ❷천황 폐하에게 넘긴다.

1910년, 일제는 한국과 일본이 하나가 된다는 조약을 강제로 받아 냈어. 이로써 대한 제국은 완전히 사라지고, 우리나라는 일제의 ❸식민지가 되어 버렸지.

일제는 우리 민족을 다스리기 위해 ※조선 총독부를 세웠어. 조선 총독부의 우두머리였던 총독은 황제처럼 강한 힘을 휘둘렀지.

"식민지 조선에서는 내 말이 곧 법이야!"

조선 총독부는 한국인들을 감시하기 위해 수많은 법을 만들었어. 어느 누구도 저항하지 못하게 하기 위해서 말이야.

"다시는 독립을 꿈꿀 수 없도록 기를 확 눌러 주마!"

특히 일제는 군인 신분인 ❹헌병이 경찰의 역할까지 맡게 했어. 이들은 총 칼과 몽둥이를 마구 휘두르며 한국인들을 철저하게 감시하고 탄압했지.

"내가 무슨 죄가 있다고 이러시오! 재판도 없이 매를 때리다니, 이게 어느 나라의 법이오!"

"대일본 제국에 반항하는 놈들은 누구든 용서할 수 없다. 이놈을 매우 쳐라!"

일제의 헌병들은 한국인들에게 매로 엉덩이를 때리는 ※태형을 가했어. 태형을 당하면 살이 찢어져 피가 나는 것은 기본이었어. 헌병은 이런 무시

역사 사전

일제
우리나라를 침략한 일본을 말해. '일본 제국주의'나 '일본 제국'을 줄인 거지. 제국주의는 힘센 나라가 이익을 위해 다른 나라를 억눌러 지배하려는 걸 말해.

---

❶ **통치권** 국민과 나라의 땅을 다스리는 국가 최고의 지배권. ❷ **천황** 일본에서 자기 나라 왕을 이르는 말. ❸ **식민지** 힘센 나라의 지배를 받는 나라나 지역. ❹ **헌병** 군대에서 경찰 일을 하는 군인.

무시한 태형을 정식 재판도 거치지 않고 즉시 실행했어. 오직 한국인에게만 말이야. 헌병은 한국인이 사소한 잘못을 저지르더라도 닥치는 대로 잡아들여 매로 다스렸지. 굴뚝을 청소하지 않거나 큰 소리로 떠들기만 해도 태형을 가했어. 한국인들은 어떤 일로 벌을 받게 될까 늘 두려움에 떨어야 했지.

또 일제는 독립운동가들을 잡아들여 감옥에 가두고 심하게 고문했어. 이때 많은 독립운동가들이 장애나 질병을 얻거나, 심지어는 목숨까지 잃었지.

이처럼 일제는 총과 칼을 앞세워 우리 민족을 공포로 몰아넣고 독립의 의지를 끊어 버리려고 했어. 하지만 헌병을 앞세운 일제의 강압적인 통치도 독립을 향한 우리 민족의 열망을 누를 수는 없었어.

"일본 헌병에게 잡히지 않도록 부디 조심하십시오!"

"내 비록 고문을 받아 죽더라도 절대 조국을 버리진 않을 것이네!"

일제가 온갖 감시와 폭력으로 우리를 억압하면 할수록 우리 민족의 독립에 대한 열망은 더욱 활활 불타올랐어.

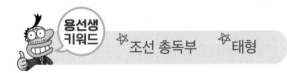
★조선 총독부   ★태형

---

❺ **정식** 정해진 올바른 방식. ❻ **독립** 한 나라가 완전한 주권을 지니는 것. ❼ **강압적** 강한 힘이나 권력으로 강제로 억누르는 것. ❽ **열망** 어떤 일을 애타게 바라는 것.

1 이 글을 읽고 초성을 참고해 다음 문장의 빈칸을 채워 보세요.

중심
내용

일제는 우리나라를 | ㅅ | ㅁ | ㅈ | 로 만들고 조선 총독부를 세워 다스렸다.

2 이 글의 내용과 일치하면 ○표, 일치하지 않으면 X표 해 보세요.

내용
이해

(1) 독립운동가들은 일제의 심한 고문으로 목숨을 잃기도 했다. ( )

(2) 일제는 강제로 조약을 맺어 한국을 자신의 식민지로 만들었다. ( )

(3) 일본 헌병들은 일본인에게만 매로 엉덩이를 때리는 태형을 가했다. ( )

3 이 글을 읽고 다음 그림에 대한 설명으로 알맞지 <u>않은</u> 것을 골라 보세요. ( )

내용
이해

① 매로 엉덩이를 치는 형벌이다.

② 정식 재판을 거치지 않고 바로 때렸다.

③ 태형을 당하면 살이 찢어지는 고통을 받았다.

④ 무거운 범죄를 저질렀을 때에만 태형을 가했다.

4 이 글의 일본 헌병이 다음과 같이 말한다면 그 까닭은 무엇인가요? ( )

추론

조선 사람은 매로 다스려 딴 생각을 못하게 해야 해!

① 한국인들을 부자로 만들기 위해서

② 한국인들이 꾸준한 운동으로 건강해지도록

③ 한국인들의 독립에 대한 희망을 없애 버리기 위해서

④ 한국인들의 독립에 대한 희망을 더욱 부풀어 오르게 하려고

5 빈칸을 채우며, 이 글의 내용을 정리해 보세요.

핵심
정리

조선 총독부의 한국 통치

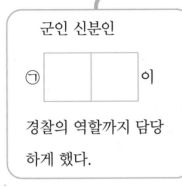

군인 신분인
㉠ ☐☐ 이
경찰의 역할까지 담당
하게 했다.

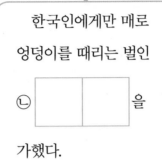

한국인에게만 매로
엉덩이를 때리는 벌인
㉡ ☐☐ 을
가했다.

독립운동가들을 잡아
와 감옥에 가두고 심하
게 고문했다.

어휘 학습

6 뜻풀이에 알맞은 낱말을 골라 ○표 해 보세요.

어휘
복습

(1) 한 나라가 완전한 주권을 지니는 것. ···································· (독립 / 수립)

(2) 힘센 나라의 지배를 받는 나라나 지역. ······························ (관광지 / 식민지)

(3) 국민과 나라의 땅을 다스리는 국가 최고의 지배권. ··················· (수도권 / 통치권)

7 밑줄 친 낱말의 뜻이 다음과 같은 것을 골라 보세요. (   )

어휘
적용

강한 힘이나 권력으로 강제로 억누름.

① 술에 취해 싸움을 벌인 군인이 헌병들에게 끌려갔다.

② 할아버지의 마음은 통일에 대한 열망으로 가득 차 있다.

③ 영국은 인도를 식민지로 삼고 필요한 자원을 빼앗아 갔다.

④ 일제의 강압에도 불구하고 독립에 대한 열망은 그칠 줄 몰랐다.

14 전 재산을 독립운동에 바친 이회영과 형제들

이회영과 형제들은 나라의 독립을 위해 전 재산을 내놓았어. 내가 이회영이었다면 그럴 수 있었을까?

⭑이회영의 집안은 대대로 높은 벼슬을 지내며 부와 명예❶를 누렸어. 하지만 일제가 대한 제국의 외교권을 빼앗고, 군대마저도 해산시키자 가만히 있을 수 없었지.

"나라의 독립을 위해 싸우다 죽을지언정 일본의 노예로 살 수는 없다!"

이회영은 형제들을 불러 모아 자신의 뜻을 밝혔어.

"형님들, 우리가 그동안 누려 온 모든 것들을 나라를 위해 바쳐야 할 때입니다. 우리들의 재산을 내놓아 만주에 독립운동을 위한 기지❷를 세우고 일제에 맞서는 것이 어떻겠습니까?"

"네 말이 옳다. 우리 모두 함께하겠다!"

이회영과 형제들은 만주로 건너가기로 결심했어. 그리고 자신들이 가진 재산을 팔기 시작했지. 모든 일은 일제의 의심을 피하기 위해 아주 급하게 진행됐어. 99칸 기와집은 팔지도 못했고, 다른 재산도 아주 헐값❸에 팔아 치웠지. 이렇게 처분한❹ 재산만도 소 1만 3000마리 값으로 지금의 돈으로 계산하면 600억 원이 넘었어.

일제의 감시를 벗어나 이곳에 독립운동 기지를 세웁시다!

동의 한다.

좋다! 독립을 위해서는 못할 것이 없다.

이회영과 형제들은 이렇게 마련한 돈을 가지고 고향을 떠나 만주에 터를 잡았지.

이회영은 독립운동을 이어 가려면 모두가 독립을 위한 일꾼이 되어야 한다고 생각했어.

"모두가 스스로의 힘을 키워 독립에 앞장서야 합니다. 낮에는 농사지으며 일하고, 밤에는 공부에

---

❶ **명예** 남에게 훌륭하다고 인정받는 이름이나 높은 가치. ❷ **기지** 군대, 탐험대가 활동의 터전으로 삼는 곳. ❸ **헐값** 물건의 원래 값보다 훨씬 싼 값. ❹ **처분하다** 어떤 것을 팔거나 없애서 치우다.

힘써 우리 민족의 독립을 이뤄 냅시다!"

또 청년들이 군사 훈련을 받을 수 있는 학교도 세웠어.

"독립을 이루려면 일제와 맞서 싸울 독립군이 필요하다! 신흥 강습소⁵

를 세워 우리 청년들이 체계적으로 공부하고 훈련받을 수 있게 하겠다!"

신흥 강습소의 학생들은 낮에는 논밭을 일구고 밤에는 군사 훈련을 받

는 힘든 과정을 거뜬히 이겨 냈어.

"신흥 강습소의 명성⁶을 듣고 찾아왔습니다. 저를 받아 주십시오!"

신흥 강습소에 찾아오는 학생들은 날로 늘어 갔어. 훗날 신흥 강습소는

더 넓은 곳으로 터를 옮기고 이름도 신흥 무관⁷ 학교라고 바꿨지. 신흥 무

관 학교를 졸업한 학생들은 일제와의 크고 작은 전투에 참가하며 우리 민

족의 독립을 위해 앞장섰어.

이렇게 이회영과 형제들은 우리 민족의 독립을 위해 헌신했어⁸. 이들 덕분

에 우리 민족은 어려운 환경 속에서도 수많은 독립군을 키워 낼 수 있었지.

용선생 키워드   ⭐이회영   ⭐신흥 강습소(신흥 무관 학교)

---

❺ **강습소** 지식이나 기술을 가르치거나 배우는 곳. ❻ **명성** 세상에서 널리 좋은 평가를 받는 이름. ❼ **무관** 군사 일을 맡아보는 관리. ❽ **헌신하다** 몸과 마음을 바쳐 있는 힘을 다하다.

1
중심
내용

이 글의 중심 내용으로 알맞은 것은 무엇인가요? (   )

① 풍족한 삶을 누려 온 이회영과 형제들

② 신흥 무관 학교에 입학하려고 몰려든 청년들

③ 일제의 눈을 피해 헐값에 토지를 팔아 치운 이회영과 형제들

④ 모든 재산을 내놓아 만주에 독립운동 기지를 세운 이회영과 형제들

2
내용
이해

이 글의 내용과 일치하면 ○표, 일치하지 않으면 X표 해 보세요.

(1) 이회영은 만주에 신흥 강습소를 세웠다.   (   )

(2) 이회영과 형제들은 자신들이 가진 재산을 팔아서 만주로 떠났다.   (   )

(3) 이회영의 형제들은 독립운동에 재산을 내놓자는 이회영의 생각에 반대했다.   (   )

3
지도
읽기

이 글에서 이회영과 형제들이 독립운동을 위해 이동한 곳을 골라 보세요. (   )

① 만주

② 연해주

③ 제주도

④ 일본

4
내용
적용

다음 기자의 질문에 대한 이회영의 대답으로 알맞은 것은 무엇인가요? (   )

많은 돈을 들여 신흥 강습소를 세운 까닭은 무엇입니까?

① 예술가를 키워 내려고 합니다.

② 독립군을 키워 내기 위해서입니다.

③ 과거 시험 공부를 가르칠 계획입니다.

④ 수업료를 받아 돈을 벌기 위해서입니다.

5 빈칸을 채우며, 이 글의 내용을 정리해 보세요.

핵심
정리

> ㉠ ☐☐☐ 은 독립운동을 하기 위해 형제들과 함께 전 재산을 팔아
>
> 만주로 갔다. 그는 만주에 ㉡ ☐☐ ☐☐☐ 를 세워 학생들
>
> 을 독립군으로 키워 냈다.

어휘 학습

6 낱말의 알맞은 뜻을 찾아 선으로 이어 보세요.

어휘
복습

(1) 무관 •   • ① 군사 일을 맡아보는 관리.

(2) 명성 •   • ② 몸과 마음을 바쳐 있는 힘을 다하다.

(3) 헌신하다 •   • ③ 세상에서 널리 좋은 평가를 받는 이름.

7 밑줄 친 낱말의 알맞은 뜻을 골라 번호를 써 보세요.

어휘
적용

기지	① 군대, 탐험대가 활동의 터전으로 삼는 곳. 예 만주는 해외 독립운동의 대표적인 **기지**였다. ② 경우에 따라 재치 있게 대응하는 지혜. 예 경찰은 위급한 상황에서 **기지**를 발휘해 큰 사고를 막았다.

(1) 우리나라는 남극에 두 개의 과학 기지를 두고 있다.   (   )

(2) 아버지는 협상에서 기지를 발휘해 중요한 사업을 따낼 수 있었다.   (   )

15

유관순, 죽음 앞에서도 대한 독립을 외치다

남녀노소 누구나 만세를 외치고 있어! 유관순은 왜 아우내 장터에서 만세 시위를 벌였을까?

일제가 조선 총독부를 세워 우리나라를 폭력적으로[1] 다스리고 있을 때에도 우리 민족은 독립에 대한 희망을 잃지 않았어. 민족 대표 33명은 전 세계에 우리 민족의 독립 의지를 알리기 위해 독립 선언서를 작성하고, 만세[2] 시위를 준비했지.

1919년 3월 1일, 민족 대표들은 우리 민족의 독립을 선언하는[3] 모임을 가졌어. 같은 시각 서울 종로의 탑골 공원에도 수천 명의 사람들이 태극기를 들고 모였지. 시민들은 독립 선언서를 읽고 만세 시위를 벌였어.

"우리는 조선이 독립국이며 조선인이 이 나라의 주인임을 선언한다!"

"대한 독립 만세! 대한 독립 만세!"

16살의 학생이었던 ☆유관순도 시위에 참여해 친구들과 함께 태극기를 흔들며 만세를 외쳤지. 만세 시위가 점점 더 커지자 깜짝 놀란 일제는 학교의 문을 닫아 버렸어. 그러자 유관순은 고향인 충청남도 천안으로 내려가 이 사실을 알리기로 결심했지. 서울에서 벌어진 ☆3·1 운동을 고향에서도 이어 가려고 한 거야.

"여러분, 서울에서는 남녀노소와 직업의 귀천을[4] 가리지 않고 대한 독립 만세를 외치고 있습니다. 우리가 가만히 있어서야 되겠습니까!"

"맞는 말이다. 우리가 무엇을 하면 되겠느냐?"

"제가 서울에서 가져온 독립 선언서가 있습니다. 우리도 아우내 장날에[5] 맞추어 만세 시위를 벌이고, 독립 선언서를 읽도록 합시다!"

유관순은 일제의 감시를 피해 다른 마을에도 시위 계획을 알리고 시위

---

❶ **폭력적** 때리거나 무기를 휘둘러 남을 억누르는 것. ❷ **시위** 여럿이 한곳에 모여 자기들의 주장을 나타내는 것.
❸ **선언하다** 주장이나 생각을 널리 알리다. ❹ **귀천** 귀한 것과 천한 것. ❺ **장날** 장이 서는 날. 보통 5일에 한번 열린다.

날 나눠 줄 태극기도 만드는 등 철저하게 준비를 했어.

4월 1일 아우내 장터에 사람들이 모이기 시작했어. 이들의 얼굴에는 긴장감이 가득했지.

그때였어. 유관순이 앞장서서 태극기를 휘두르며 큰소리로 외쳤어.

"대한 독립 만세! 빼앗긴 나라를 되찾읍시다!"

사람들은 유관순의 말에 따라 일제히 태극기를 꺼내 흔들며 대한 독립 만세를 외쳤어. 뒤늦게 소식을 들은 일본 헌병들이 아우내 장터로 들이닥쳤지.

"탕탕!"

이날 시위에서 수많은 사람들이 일본 헌병들의 총탄에 맞아 쓰러졌어. 유관순은 만세 시위를 일으켰다는 이유로 체포되었지.❻

유관순은 감옥에 갇혀❼ 모진 고문을 당하면서도 만세 시위를 벌였어.

"대한 독립 만세! 대한 독립 만세!"

감옥 안에서 시작된 만세 함성은 철창 밖으로까지 퍼져 나가 서대문 형무소 주위로 사람들이 우르르 몰려들 정도였어. 유관순은 더욱 심한 고문을 당해 결국 세상을 떠나게 되었지. 유관순은 차가운 감방에서 숨을 거두기 직전까지도 대한 독립 만세를 외쳤어. 죽음 앞에서도 독립에 대한 열망을 잃지 않았던 거야.

용선생 키워드   ✬유관순   ✬3·1 운동

역사 사전

서대문 형무소
1908년에 만들어진 감옥으로 일제가 식민 통치에 저항하는 사람들을 가두기 위해 사용했어. 많은 민족 지도자와 독립운동가를 이곳에 가두고, 모진 고문을 해 독립의 의지를 꺾어 놓으려고 했어. 서울시 서대문구에 있어.

▲ 유관순의 감옥 기록표

❻ **체포되다** 법에 따라 죄가 있거나 있다고 생각되어 붙잡히다. ❼ **모질다** 괴로움이나 아픔 따위가 지나치게 심하다.

1

중심
내용

이 글을 읽고 알맞은 선을 그어 중심 문장을 완성해 보세요.

유관순은

㉠ 아우내 장터에서   ㉢ 만세 시위를 벌였다

㉡ 평양에서   ㉣ 폭탄을 던졌다.

2

내용
이해

이 글을 읽고 다음 빈칸에 들어갈 알맞은 날짜를 써 보세요.

> 민족 대표 33명은 독립 선언서를 작성하고 1919년 ○월 ○일 만세 시위를 계획했다.

_____ 월 _____ 일

3

내용
적용

다음은 유관순이 쓴 일기예요. 이 글의 내용과 일치하지 <u>않는</u> 것은 무엇인가요? (   )

> 만세 시위가 일본에게 진압되다   1919년 4월 1일
>
> ① 3월 1일, 서울에서 만세 시위가 벌어졌다. ② 나는 당시에 고향인 천안에 있어 만세 시위에 참여하지 않았다. ③ 나는 천안에서 만세 시위를 이어 가기 위해 마을 사람들에게 나의 계획을 알렸다. ④ 4월 1일, 오늘 아우내 장터에서 만세 시위를 벌였다. 하지만 일본 헌병이 곧 출동해 시위를 진압했고 나는 만세 시위를 이끌었다는 이유로 체포되었다. 아주 분하다! 대한 독립 만세!

4

추론

다음 일본 간수의 말에 대한 유관순의 대답으로 알맞은 것은 무엇인가요? (   )

 유관순, 이제 만세 시위는 포기하지!

① 너무 배가 고프니 지금 당장 항복하겠다!

② 지금 포기하는 대신 날 여기서 꺼내 달라!

③ 나는 독립을 위해 끝까지 만세를 외칠 것이다!

④ 몸이 너무 아파서 포기하겠다. 병원에 보내 달라!

5 빈칸을 채우며, 이 글의 내용을 정리해 보세요.

핵심
정리

> 1919년 3월 1일, 서울에서 ㉠ ☐☐ 시위가 시작되었다.

⬇

> 1919년 4월 1일, ㉡ ☐☐☐ 이 아우내 장터에서 만세 시위를 이끌었다.

⬇

> 그는 감옥에서도 만세 시위를 이어 나가다 모진 고문을 당해 목숨을 잃었다.

어휘 학습

6 낱말의 알맞은 뜻을 찾아 선으로 이어 보세요.

어휘
복습

(1) 시위 •

(2) 헌병 •

(3) 선언하다 •

• ① 주장이나 생각을 널리 알리다.

• ② 군대에서 경찰 일을 하는 군인.

• ③ 여럿이 한곳에 모여 자기들의 주장을 나타내는 것.

7 보기 에서 알맞은 낱말을 찾아 밑줄 친 말을 바꾸어 써 보세요.

어휘
적용

| 보기 | 귀천 | 시위 | 장날 | 폭력 |

(1) 사람을 판단하는데 직업의 <u>귀한 것과 천한 것</u>은 중요하지 않다.

➡ 사람을 판단하는데 직업의 (　　　　　)은 중요하지 않다.

(2) 손자는 할아버지를 따라 <u>장이 서는 날</u>에 열리는 서커스를 보러 갔다.

➡ 손자는 할아버지를 따라 (　　　　　)에 열리는 서커스를 보러 갔다.

키워드로 비밀 숫자 찾기!

▶ 정답 17쪽

💡 각각의 빈칸에 들어갈 키워드를 아래 글자판에서 찾아 색칠하고, 숨겨진 비밀 숫자를 알아내 보세요.

❶ 일제가 대한 제국의 군대를 해산시키자 대한 제국의 군인들이 ○○ 부대에 합류했어.

❷ 안중근은 ○○○역에서 우리나라를 빼앗는 데 앞장선 이토 히로부미를 처단했어.

❸ 일제는 대한 제국을 식민지로 만든 다음, 조선 ○○○를 설치해 한국인을 다스렸어.

❹ 일제 강점기에 일본 헌병들은 한국인들에게만 ○○을 가했어.
  └, 매로 엉덩이를 때리는 형벌.

❺ ○○○과 형제들은 재산을 모아 만주에 신흥 강습소를 세웠어.

❻ ○○○은 1919년 4월 1일 천안의 아우내 장터에서 만세 시위를 이끌었어.

베	이	회	영	하	사
이	태	선	자	얼	우
징	형	의	병	빈	회
김	코	아	해	총	시
옥	고	래	연	독	수
균	유	관	순	부	왕

▶ 비밀 숫자는 바로 _____!

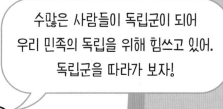

수많은 사람들이 독립군이 되어
우리 민족의 독립을 위해 힘쓰고 있어.
독립군을 따라가 보자!

4주

- 1919년 대한민국 임시 정부 수립
- 1920년 청산리 대첩
- 1931년 한인 애국단 조직
- 1938년 일제, 국가 총동원법 실시

회차	학습 내용		핵심 키워드	교과 연계	학습 계획일
16		민족의 힘을 하나로! **대한민국 임시 정부**	✲ 대한민국 임시 정부 ✲ 중국 상하이	【사회 5-2】 2. 사회의 새로운 변화와 오늘날의 우리 ② 일제의 침략과 광복을 위한 노력	월 일
17		**김좌진**, 청산리에서 일본군을 크게 무찌르다	✲ 김좌진 ✲ 청산리 대첩	【사회 5-2】 2. 사회의 새로운 변화와 오늘날의 우리 ② 일제의 침략과 광복을 위한 노력	월 일
18		**신채호**, 붓을 들어 민족의 심장을 깨우다	✲ 신채호 ✲ 『조선 상고사』	【사회 5-2】 2. 사회의 새로운 변화와 오늘날의 우리 ② 일제의 침략과 광복을 위한 노력	월 일
19		**일제**, 한국의 정신까지 빼앗으려 하다	✲ 한국어 사용 금지 ✲ 신사 참배 ✲ 창씨개명	【사회 5-2】 2. 사회의 새로운 변화와 오늘날의 우리 ② 일제의 침략과 광복을 위한 노력	월 일
20		**김구**, 임시 정부를 끝까지 지켜 내다	✲ 김구 ✲ 대한민국 임시 정부 ✲ 한인 애국단	【사회 5-2】 2. 사회의 새로운 변화와 오늘날의 우리 ② 일제의 침략과 광복을 위한 노력	월 일
역사 놀이터	가로세로 키워드 찾기!				

16

민족의 힘을 하나로!
대한민국 임시 정부

> 드디어
> 대한민국 임시 정부가
> 만들어졌어!
> 그런데 왜 상하이에
> 임시 정부를 세웠을까?

"자네들, 3·1 운동 소식을 들었는가!"

"암, 듣고 말고! 독립을 향한 우리 민족의 염원[1]이 이렇게 간절하니, 이를 잘 이끌어 갈 정부를 만든다면 독립은 멀지 않을 것이네!"

민족 지도자들은 만세 시위의 열기[2]를 계속 이어 나가기 위해서는 우리 민족의 힘을 모을 정부가 필요하다고 생각했어. 이미 전국에서 크고 작은 정부 조직[3]들이 생겨나고 있었지.

"상하이, 경성, 연해주. 이 밖에도 여러 곳에서 정부가 속속 만들어지고 있습니다."

하지만 일부 민족 지도자들은 제각기 있는 조직으로는 우리 민족의 힘을 크게 키울 수 없다고 생각했어.

"이거 큰일이군. 힘을 하나로 모아도 부족한데 말이야. 모두들 모여서 하나의 정부를 세워야 하네!"

이들은 흩어져 활동하는 민족 지도자들에게 편지를 보냈어.

하나 된 임시 정부를 세우는 데 뜻을 모으고자 하니 상하이로 오시오!

얼마 지나지 않아 우리나라의 각계각층[4]을 대표하는 민족 지도자 29명이 ✿중국 상하이에 모였어. 민족 지도자들은 이곳에서 하나 된 임시

---

❶ 염원 간절히 생각하고 바라는 것. **❷ 열기** 뜨거운 기운. **❸ 조직** 어떤 목적을 이루기 위해 여럿이 모여 모임을 만듦. 또는 그 모임. **❹ 각계각층** 사회 여러 분야와 여러 계층.

정부를 세우기로 했지. 당시 중국 상하이에는 프랑스인들이 모여 사는 곳이 있었는데 일본 경찰도 이곳에는 함부로 들어와서 우리 독립운동가들을 잡아갈 수 없었거든.

지도자들은 하나 된 정부를 만들기 위한 논의[5]를 이어 나갔어.

"일제에 맞서기 위해 따로따로 만든 정부들을 하나로 모으는 데 찬성하오."

"그런데 정식 정부가 아니라 임시 정부라고 하는 까닭은 무엇입니까?"

"정식 정부는 우리가 독립을 이루고 난 뒤에 비로소 세울 수 있을 것이고 지금은 그때의 정부를 준비하기 위해 임시로 정부를 세운다는 뜻이라오."

민족 지도자들은 모두 고개를 끄덕였어.

"자, 이제 나라의 이름을 지어 봅시다. 대한민국은 어떻겠습니까?"

"대한민국? 대한 제국의 '대한' 아니오? 나라 잃은 슬픔이 떠올라서 영 별로인데……."

"빼앗긴 나라를 되찾아야 하기에 오히려 '대한'이 들어가야 하오. 하지만 우리가 만들 새 나라는 모든 국민이 주인이 되는 나라이기 때문에 '민국'이 좋겠소. 새 나라의 이름으로 대한민국을 추천하는 바이오."

민족 지도자들은 머리를 맞댄[6] 끝에 대한민국을 국호[7]로 결정했지.

중국 상하이에서 첫 발을 뗀 ✤대한민국 임시 정부는 다른 나라와 활발히 외교 활동을 벌이며 국내외의 독립운동을 이끌었어.

 용선생
키워드   ✤대한민국 임시 정부   ✤중국 상하이

[5] **논의** 어떤 일에 대하여 서로 의견을 주고받으며 살피는 것. [6] **머리를 맞대다** 여러 사람의 의견을 모아 함께 고민하다. [7] **국호** 나라의 이름.

1 이 글을 읽고 알맞은 선을 그어 중심 문장을 완성해 보세요.

중심
내용

민족
지도자들은

㉠ 러시아
연해주에

㉡ 중국
상하이에

㉢ 대한 제국을

㉣ 대한민국
임시 정부를

세웠다.

2 이 글을 읽고 대한민국 임시 정부가 만들어진 배경으로 알맞은 것을 색칠해 보세요.

내용
이해

㉠ 고종이
네덜란드 헤이그에
특사를
보냈다.

㉡ 만세
시위가 전국
각지에서
일어났다.

㉢ 안중근이
하얼빈역에서
이토 히로부미를
저격했다.

3 다음 기자의 질문에 대한 민족 지도자의 대답으로 알맞은 것은 무엇인가요? (   )

내용
적용

기자: 왜 정식 정부가 아닌 임시 정부를 세우는 것입니까?

① 나라 이름이 아직 정해지지 않았기 때문입니다.

② 정식 정부가 이미 우리나라에 존재하기 때문입니다.

③ 정식 정부는 독립을 이루고 난 뒤에 세울 수 있기 때문입니다.

④ 임시 정부는 상하이에서 국외 독립운동의 지휘만 담당하기 때문입니다.

4 이 글을 읽고 빈칸에 들어갈 말로 알맞은 것을 선으로 이어 보세요.

내용
이해

나라의 이름을 대한민국으로
짓는 이유는 _____

㉠ 영어 표기가
쉽기 때문이다.

㉡ 일제가 좋아하는
이름이기 때문이다.

㉢ 국민이 주인이 되는
나라이기 때문이다.

㉣ 왕이 다스리는
나라이기 때문이다.

5 빈칸을 채우며, 이 글의 내용을 정리해 보세요.

핵심
정리

> 3·1 운동 이후 민족 지도자들은 여러 군데에 세워진 정부들을 하나로 모아 중국
>
> 상하이에 [　][　][　][　]　[　][　][　]　[　][　] 를 세웠다.
>
> 이 정부는 국내와 국외의 독립운동을 이끌었다.

어휘 학습

6 뜻풀이에 알맞은 낱말을 골라 ○표 해 보세요.

어휘
복습

(1) 나라의 이름. ·· (국호 / 수도)

(2) 사회 여러 분야와 여러 계층. ····························· (각계각층 / 각인각색)

(3) 어떤 일에 대하여 서로 의견을 주고받으며 살피는 것. ····················· (논의 / 주의)

7 대화를 읽고 빈칸에 들어갈 말로 알맞은 것을 골라 보세요. (　　　　)

어휘
적용

> 선생님: 얘들아, 어제 내준 퀴즈는 다 풀었니?
> 수지: 퀴즈가 너무 어려워서 아직 못 풀었어요!
> 선생님: 그래? 너희들이 머리를 맞대면 금방 풀 수 있는 문제란다.
> 수지: 머리를 맞댄다니, 그게 무슨 뜻이에요?
> 선생님: _____

① 남의 뜻을 고분고분 따른다는 뜻이야.

② 서로의 머리를 세게 부딪친다는 뜻이야.

③ 들뜬 마음을 차분하게 가라앉힌다는 뜻이야.

④ 여러 사람의 의견을 모아 함께 고민한다는 뜻이야.

김좌진, 청산리에서 일본군을 크게 무찌르다

일본군이 만주의 독립군들을 없애려고 해. 김좌진은 일본군과 어떻게 맞서 싸웠을까?

3·1 운동이 일어난 뒤, 만주에는 수많은 독립군 부대들이 생겨났어. 김좌진도 만주에서 독립군을 이끌며 일본군에 맞서 싸웠지.

일제는 독립군의 활동이 활발해지자, 이를 완전히 짓밟아 버리기로 마음먹었어. 다시는 독립운동을 꿈꿀 수 없게 말이야! 그래서 수천 명의 병사들을❶ 동원해 만주로 쳐들어갔지. 이 소식은 김좌진의 귀에까지 들어갔어.

"장군, 일본군이 만주로 쳐들어온다고 하니 우리도 대비해야겠습니다!"

"백두산 인근으로❷ 가자! 그곳은 지세가❸ 험하고 수풀이 우거져 일본군과 맞서기 좋다!"

김좌진은 백두산 인근의 청산리에서 일본군을 물리칠 계획을 세웠어. 다른 독립군 부대와도 함께 작전을 논의하며 일본군과의 전투를 철저하게 준비했어.

마침내 일본군이 수많은 병사를 앞세워 독립군이 진을❹ 치고 있던 청산리에 쳐들어왔어.

"장군, 일본군이 청산리 골짜기에 들어섰습니다!"

"하하하! 우리의 예상대로구나. 수풀 속에 몸을 숨기고 있다가 한꺼번에 일본군을 공격하도록 하자!"

일본군이 비좁은 청산리의 골짜기에 들어서자, 독립군은 숨을 죽인 채 김좌진의 명령만 기다렸어.

"지금이다. 일본군을 공격하라!"

김좌진의 우렁찬 목소리에 맞춰 독립군은 일본군을 향해 마구 총을 쏘

역사 사전

청산리
오늘날 중국 길림성에 속한 곳이야. 독립군 부대는 이곳에서 10여 차례에 걸쳐 전투를 벌인 끝에 승리를 거두었지.

청산리

---

❶ **동원하다** 어떤 목적을 달성하기 위해 사람이나 물건을 한곳에 집중시키다. ❷ **인근** 이웃한 가까운 곳. ❸ **지세** 땅의 생긴 모양이나 상태. ❹ **진** 적과 맞서 싸우기 좋게 군대를 배치한 것.

아 대기 시작했어. 일본군은 독립군을 이
겨낼 수가 없었지.

우리 독립군이 완벽한
승리를 거두었구나!

홍범도가 이끄는 독립군 부대도 일본군
과 맞서 싸우기 위해 힘을 합쳤어.

"만주에 쳐들어온 일본군이 모두 집결⁵
했다고 합니다!"

"우리 독립군도 모두 힘을 합쳐 일본군
에 맞서 싸웁시다!"

일본군은 독립군에 비해 엄청나게 많은 무기와 병사를 가졌지만, 하나로
똘똘 뭉쳐서 죽을 각오로 싸우는 독립군을 이겨 낼 수 없었어.

10시간이 넘는 치열한 전투 끝에 독립군이 승리를 거두었어. 이렇게 독
립군은 청산리 일대에서 일본군과 10여 차례 넘게 싸워 승리했는데, 이를
☆청산리⁶ 대첩이라고 해.

힘든 조건에서도 자신의 목숨을 바쳐 일본군과 맞서 싸운 김좌진과 독
립군은 우리 민족에게 독립에 대한 희망을 선물해 주었어.

용선생
키워드 ☆김좌진 ☆청산리 대첩

---

❺ **집결하다** 한군데로 모이거나 뭉치다. ❻ **대첩** 크게 이긴 전쟁.

1

중심
내용

이 글의 중심 내용을 바르게 말한 사람을 찾아 ○표 해 보세요.

㉠ 지세가 험한 골짜기에 쳐들어온 일본군

㉡ 만주에 생긴 수많은 독립군 부대들

㉢ 청산리 대첩을 승리로 이끈 김좌진

2

인물
이해

다음 인물 카드에서 이 글의 내용과 일치하지 <u>않는</u> 것을 골라 보세요. (   )

▲ 김좌진

• 만주에서 독립군 부대를 이끎. ·····························①
• 청산리 전투를 큰 승리로 이끎. ··························②
• 안중근이 이끄는 부대와 함께 청산리에서 일본군과 맞서 싸움. ·····································③
• 일본군이 쳐들어오자 독립군을 이끌고 백두산 인근으로 이동함. ··································④

3

내용
이해

이 글의 내용과 일치하면 ○표, 일치하지 않으면 ✕표 해 보세요.

(1) 3·1 운동이 일어난 뒤, 만주에 독립군 부대들이 생겨났다.   (   )

(2) 김좌진은 일본군이 만주로 쳐들어오자 홀로 일본군에 맞서 싸웠다.   (   )

(3) 일제는 만주 일대의 독립군의 활동이 활발해지자, 이들을 없애려고 했다.   (   )

4

내용
이해

이 글을 읽고 다음 독립군의 질문에 대한 대답으로 알맞은 것을 골라 보세요. (   )

청산리에서 벌어진 전투에 대해 알려 주세요.

① 일본군의 승리로 끝나고 말았어요.
② 독립군은 이 전투에서 크게 졌어요.
③ 김좌진과 홍범도가 힘을 합쳐 맞서 싸웠어요.
④ 청산리에서 중국과 일본이 벌인 전투를 말해요.

5 빈칸을 채우며, 이 글의 내용을 정리해 보세요.

핵심
정리

일제가 만주의 독립군을 공격하자, ㉠ ☐☐☐ 은 독립군을 이끌고

일본군과 맞서 싸웠다. 독립군이 청산리에서 일본군과 10여 차례 넘게 싸워 승리한

전투를 ㉡ ☐☐☐ ☐☐ 이라고 한다.

어휘 학습

6 낱말의 알맞은 뜻을 찾아 선으로 이어 보세요.

어휘
복습

(1) 대첩 •   • ① 크게 이긴 전쟁.

(2) 지세 •   • ② 땅의 생긴 모양이나 상태.

(3) 동원하다 •   • ③ 어떤 목적을 달성하기 위해 사람이나 물건을 한곳에 집중시키다.

7 밑줄 친 낱말의 알맞은 뜻을 골라 번호를 써 보세요.

어휘
적용

진	① 풀이나 나무껍질에서 나오는 끈끈한 물질. 예 고무는 고무나무의 **진**으로 만들어진다. ② 적과 맞서 싸우기 좋게 군대를 배치한 것. 예 두 나라는 넓은 들판에 **진**을 치고 대치했다.

(1) 소나무에 상처를 내면 진득진득한 진이 나온다. (   )

(2) 장군은 경계가 느슨해진 틈을 타 적군의 진을 공격했다. (   )

18 신채호, 붓을 들어 민족의 심장을 깨우다

신채호가 쓴 글을 보면 붓은 정말 칼보다 강한 것 같아. 신채호는 왜 위인전을 쓴 걸까?

"신문에 ☆신채호가 쓴 글을 보았습니까? 그가 쓴 글을 읽으면 깊은 감동이 밀려옵니다!"

"그러게 말입니다. 그 어떤 칼끝도 일제를 비판하는 신채호의 붓끝보다 날카롭지는 못할 것입니다."

『대한매일신보』의 논설위원[1]이었던 신채호는 이 신문에 일제 침략의 부당[2]함을 알리는 글을 써 울분[3]에 차 있던 우리 민족을 통쾌하게 만들어 주었어.

그는 여기서 그치지 않고 민족의 자긍심[4]을 높이기 위해 우리 역사의 영웅들을 찾아냈지.

'우리 역사 속에서 자랑스러운 인물들을 찾아내 위인전을 써야겠다.'

신채호는 특히 이순신, 을지문덕과 같이 위기 속에서 나라를 지킨 영웅들의 위인전을 써 우리 민족의 용맹함을 일깨우고 사람들에게 자신감을 불어넣었어.

이 무렵 일제는 한국이 일제의 지배를 받는 것을 당연하게 생각하도록 우리나라의 역사를 왜곡[5]했어.

"조선은 지금껏 단 한 번도 스스로 발전한 적이 없다. 늘 남의 나라에 의지하면서 살아왔다."

신채호는 일제가 우리 역사를 제멋대로 왜곡하는 데 분통[6]을 터뜨렸어.

"아니, 어찌 저런 일제의 헛소리를 믿는단 말인가? 역사는 우리 민족의 혼이자 뿌리이다. 우리의 역사는 우리가 스스로 써야 한다."

역사 사전

『대한매일신보』
1904년에 처음 발행된 신문으로, 한글판과 영문판으로 이루어졌어. 신채호는 『대한매일신보』에 글을 쓰며 크게 활약했지.

---

❶ **논설위원** 신문이나 방송국 등에서 어떤 주제에 관해 기관의 입장이나 주장을 밝히는 사람. ❷ **부당하다** 마땅히 따라야 할 도리. 이치에 맞지 않다. ❸ **울분** 한이 맺혀 답답하고 분한 마음. ❹ **자긍심** 스스로에게 가지는 당당한 마음. ❺ **왜곡하다** 사실과 다르게 해석하다. ❻ **분통** 몹시 분한 마음이나 느낌.

신채호는 백두산은 물론 만주 곳곳에 있는 고구려와 발해의 유적지[7]를 찾아다녔어. 그리고 과거 조상들이 만주 벌판을 누비던 위대한 영광을 두 눈으로 확인했지.

"고구려와 발해가 차지했던 드넓은 땅을 보니, 과거 우리 민족의 영광이 한눈에 보이는구나."

신채호는 뜨거운 감동을 가슴에 담아 역사 연구에 몰두했어[8]. 훗날 그는 자신의 역사 연구를 정리해 ☆『조선 상고사』를 펴냈지.

우리 역사를 통해 사람들에게 용기와 힘을 주어야 해!

그는 이 역사책을 통해 고조선부터 이어지는 우리나라의 고대사를 소개하고, 일제의 주장과는 달리 우리나라가 스스로 발전해 왔음을 밝혔어.

이렇게 신채호는 붓과 먹으로 우리 역사를 바로 세우면서 나라의 독립을 위해 끝까지 일제와 맞서 싸웠어.

역사 사전

고대사
우리나라에서는 흔히 고조선 때부터 통일 신라 때까지의 역사를 말해.

용선생 키워드　　☆신채호　　☆『조선 상고사』

---

❼ **유적지** 옛 건축물이나 무덤이 남아 있거나 역사적 사건이 일어났던 장소. ❽ **몰두하다** 어떤 일에 온 마음과 정신을 쏟다.

1 이 글을 읽고 빈칸에 들어갈 낱말을 글자판에서 찾아 동그랗게 묶어 보세요.

중심
내용

☐☐☐는 일제가 왜곡한 우리 역사를
바로 세우기 위해 노력했다.

고	홍	범
종	김	도
신	채	호

2 이 글의 내용과 일치하지 <u>않는</u> 것은 무엇인가요? (   )

내용
이해

① 일제는 우리나라의 역사를 왜곡했다.

② 신채호는 신라의 유적지만 찾아다녔다.

③ 신채호는 우리나라가 스스로 발전해 왔음을 밝혔다.

④ 신채호는 『조선 상고사』를 써서 우리나라의 고대사를 소개했다.

3 이 글의 신채호가 다음과 같은 글을 쓴 까닭은 무엇인가요? (   )

자료
해석

한국인들이여, 일본 무리의 속임수에 빠지지 말라! 지금 나라가 위태롭지만 애국
심만 잃지 않는다면 곧 다시 회복될 수 있을 것이다.   『대한매일신보』

① 역사를 왜곡하기 위해서이다.

② 중국이 글을 쓰라고 지시했기 때문이다.

③ 일제 침략의 부당함을 알리기 위해서이다.

④ 사람들에게 일어난 사건을 빠르게 알리기 위해서이다.

4 이 글을 읽고 빈칸에 들어갈 알맞은 낱말을 써 보세요.

자료
해석

신채호는 이순신, 을지문덕 등 우리 역사 속 영웅들을 찾아내 그
들의 업적을 이야기로 썼다. 그가 쓴 [   ]은 우리 민족의 용
맹함을 일깨우고 사람들에게 용기를 불어넣었다.

▶「을지문덕전」

5
핵심
정리

빈칸을 채우며, 이 글의 내용을 정리해 보세요.

신채호가 한 일

- 『대한매일신보』에 ㉠ [ ][ ] 침략의 부당함을 알리는 글을 썼다.

- 이순신, 을지문덕 등 위기 속에서 나라를 지킨 우리나라 위인들의 위인전을 썼다.

- 우리나라 역사를 연구해 『 ㉡ [ ][ ] [ ][ ][ ] 』를 펴냈다.

어휘 학습

6
어휘
복습

낱말의 알맞은 뜻을 찾아 선으로 이어 보세요.

(1) 유적지 •

(2) 울분 •

(3) 자긍심 •

• ① 한이 맺혀 답답하고 분한 마음.

• ② 스스로에게 가지는 당당한 마음.

• ③ 옛 건축물이나 무덤이 남아 있거나 역사적 사건이 일어났던 장소.

7
어휘
적용

빈칸에 들어갈 알맞은 낱말을 보기 에서 찾아 문장을 완성해 보세요.

보기	몰두	부당	왜곡	유적지	자긍심

(1) 엄마는 동생의 _____한 요구를 단호하게 거절했다.
  ㄴ 마땅히 따라야 할 도리, 이치에 맞지 않음.

(2) 그 배우는 자신의 말을 _____하여 기사를 쓴 기자에게 매우 화가 났다.
  ㄴ 사실과 다르게 해석함.

(3) 박 감독이 밤낮없이 _____하여 만든 영화가 영화제에서 큰 상을 받았다.
  ㄴ 어떤 일에 온 마음과 정신을 쏟음.

일제, 한국의 정신까지 빼앗으려 하다

저기 하다의 이름이 바뀌었어! 일제 강점기에는 왜 이름을 일본식으로 바꿔야만 했을까?

일제는 중국을 비롯한 아시아를 침략하며 전쟁을 이어 갔어. 다른 나라를 지배하려는 일제의 침략 전쟁은 끝이 보이지 않았지. 일제는 계속된 전쟁으로 군인이 모자라자 한국인까지 전쟁에 써먹기로 결심했어. 그러고는 한국인을 일제에 충성하는❶ 군인으로 만들기 위해 마음 속 뿌리 깊은 곳까지 뜯어고치려고 했지.

"전쟁터에 나가서 일본을 향해 총칼을 겨누지 않게 하려면, 한국인의 민족의식을 하나도 남김없이 없애 버려야 한다."

일제는 한국인들이 철저하게 일본인처럼 생활하게 했어. 학교나 관공서❷에서 ☆한국어 사용을 금지시킨 것은 물론 일상생활에서도 우리말을 쓰지 못하게 했어.

또 한국인이 일왕에게 복종하도록❸ 하기 위해 모든 사람이 강제로 ☆신사 참배를 하도록 했어. 신사 참배는 일왕의 조상신을 모신 사당인 신사에 절하는 것을 말해.

나까무라, 황국 신민 서사 외워 봐!

내 이름은 장하다라고!

그, 뭐냐···

"요즘 신사 없는 곳을 찾기 힘들군. 남산에까지 생긴다 하니 말이야."

"어디 그뿐인가? 신사에 절하는 것을 거부하려면❹ 목을 내놓아야 한다네."

"에잇, 조선놈들. 시끄럽다! 어서 신사에 절이나 하도록 해!"

---

❶ **충성하다** 나라, 임금, 주인을 위해 몸과 마음을 다해 떠받들다. ❷ **관공서** 관청과 지방 단체의 사무소를 모두 이르는 말. ❸ **복종하다** 남이 시키는 대로 따르다. ❹ **거부하다** 남의 뜻이나 생각을 받아들이지 않다.

일제는 우리나라 사람들에게 황국 신민 서사도 외우게 했어. 어린이용을 따로 만들 정도로 남녀노소를 가리지 않았지.

"미나미! 아직도 황국 신민 서사를 못 외웠다니! 내일까지 외우지 못하면 매 맞을 각오해라.❺"

황국 신민 서사를 외우지 못한 학생들은 선생님에게 매를 맞았어.

그리고 일제는 한국인들의 이름을 일본식으로 바꾸는 ✿창씨개명까지 강요했어.

'내 이름이 어째서 미나미가 되었단 말인가. 목숨을 부지하기❻ 위해 내 이름도 마음대로 쓰지 못하고…….'

이름을 바꾸지 않으면 학교와 직장에서 쫓아내거나 식량을 주지 않았지. 사람들은 이름을 일본식으로 바꾸지 않고서는 아예 살 수가 없었어.

일제는 한국인의 말과 글, 이름까지 모두 일본인처럼 만드는 것도 모자라, 서로 고자질❼까지 시켜 가며 잘 지켜지는지 끊임없이 감시했어. 그러고는 이를 거부하는 사람들을 모질게 핍박하며❽ 괴롭혔지. 우리 민족의 고통은 점점 더 커져만 갔어.

역사 사전

황국 신민 서사
일제가 한국인에게 일왕의 백성으로서 충성심을 높이기 위해 외우게 한 맹세를 말해.

용선생 키워드   ✿한국어 사용 금지   ✿신사 참배   ✿창씨개명

---

❺ **각오하다** 앞으로 해야 할 일이나 겪을 일에 대한 마음의 준비를 하다. ❻ **부지하다** 상당히 어렵게 유지해 나가다.
❼ **고자질** 남의 잘못을 윗사람한테 일러바치는 짓. ❽ **핍박하다** 남을 억눌러 괴롭히다.

1

중심
내용

이 글의 중심 내용을 바르게 말한 사람을 찾아 ○표 해 보세요.

㉠ 다른 나라를 계속 침략하는 일제	㉡ 일왕의 조상 신을 모시는 신사	㉢ 한국인을 일본인처럼 만들려고 한 일제

2

내용
이해

이 글의 관리가 다음과 같이 말한다면 그 까닭은 무엇인가요? (   )

한국인의 마음 속 뿌리 깊은 곳까지 뜯어고쳐 일본인으로 만들어야 해!

① 한국과 친하게 지내고 싶었기 때문이다.
② 일본 문화를 세계에 널리 알리기 위해서이다.
③ 한국인을 일제의 군인으로 만들기 위해서이다.
④ 한국인이 일본인보다 영어를 더 잘했기 때문이다.

3

내용
적용

이 글의 신사 참배에 대한 검색 결과로 알맞은 것은 무엇인가요? (   )

신사 참배

① 일제는 일본인들에게만 신사 참배를 강요했다.
② 일왕의 조상신을 모신 신사는 남산에만 있었다.
③ 일왕의 조상신을 모신 사당에서 절하는 것이다.
④ 한국인은 신사 참배를 미루거나 거절할 수 있었다.

4

내용
이해

이 글의 내용과 일치하지 <u>않는</u> 것은 무엇인가요? (   )

① 한국인은 일본에 대한 충성심을 강요받았다.
② 한국인은 남녀노소 모두 황국 신민 서사를 외워야 했다.
③ 한국인은 학교나 관공서에서 한국어를 사용할 수 없었다.
④ 한국인은 창씨개명을 하지 않고도 학교를 다닐 수 있었다.

5 빈칸을 채우며, 이 글의 내용을 정리해 보세요.

핵심
정리

일제의 목적	일제는 한국인을 침략 전쟁을 위한 군인으로 써먹으려고 했다.
일제가 한 일	• 한국인에게 신사 참배를 강요했다. • 우리말인 ㉠ [ ][ ][ ] 를 사용하지 못하게 했다. • 남녀노소 가리지 않고 황국 신민 서사를 외우게 했다. • 한국인의 이름을 일본식으로 바꾸는 ㉡ [ ][ ][ ][ ] 을 강요했다.

어휘 학습

6 낱말의 알맞은 뜻을 찾아 선으로 이어 보세요.

어휘
복습

(1) 관공서 •　　• ① 상당히 어렵게 유지해 나가다.

(2) 부지하다 •　　• ② 관청과 지방 단체의 사무소를 모두 이르는 말.

(3) 충성하다 •　　• ③ 나라, 임금, 주인을 위해 몸과 마음을 다해 떠받들다.

7 밑줄 친 낱말의 뜻이 다음과 같은 것을 골라 보세요. (　　)

어휘
적용

남의 잘못을 윗사람한테 일러바치는 짓.

① 장군은 병사들에게 복종을 요구했다.
② 언니는 각오를 단단히 하고 시험을 준비했다.
③ 나는 동생의 고자질 때문에 엄마에게 혼났다.
④ 우리 민족은 일제의 핍박에도 꿋꿋이 견뎌 냈다.

김구, 임시 정부를 끝까지 지켜 내다

일제가 김구에게 현상금을 걸었어! 일본군은 왜 김구를 잡으려고 했을까?

칠흑같이 어두운 밤, 한 사내가 감옥의 그림자 속에 몸을 숨기고 있었어. 그는 명성 황후의 복수를 하기 위해 일본인을 죽이고 사형 선고❶를 받은 사람이었지.

'내가 여기서 죽는 것을 바라는 자들은 오직 일본인뿐이다. 반드시 여길 빠져나가 독립을 위한 큰일을 해내야 한다.'

사내는 미리 파 놓은 굴을 통해 탈출을 시도했어. 그러자 순식간에 사방❷에서 호루라기 소리가 들렸지.

"저기 저 놈을 잡아라! 놓치지 마라!"

사내는 고민할 틈도 없이, 눈에 보이는 장대를 주워 들고서 땅을 짚고 힘껏 뛰어올랐어. 그의 몸은 새처럼 붕 날아올랐고 감옥의 담장을 훌쩍 뛰어넘는 데 성공했지.

기적처럼 감옥을 탈출한 사내는 바로 ☆김구야. 김구는 앞으로 나라의 독립을 위해서라면 아주 작은 일도 마다하지 않겠다고 다짐했지.

시간이 흘러 1919년, 독립을 향한 우리 민족의 열망이 모여 중국 상하이에 ☆대한민국 임시 정부가 세워졌어. 김구도 상하이로 가 임시 정부에서 직책❸을 맡게 됐어.

"임시 정부를 위해서라면 문지기❹ 같은 가장 작은 역할도 할 테다!"

김구는 대한민국 임시 정부 안에서 우리 민족을 배신한 일본 첩자❺를 잡아내는 경무 국장을 맡았어. 나중에는 임시 정부를 대표하는 국무령 자리에까지 올라 임시 정부를 이끌었지.

---

❶ **선고** 법정에서 재판관이 재판 결과를 알리는 것. ❷ **사방** 동, 서, 남, 북의 네 방향. ❸ **직책** 맡은 일에 대한 책임.
❹ **문지기** 성이나 집의 문을 지키는 사람. ❺ **첩자** 한 나라의 중요한 비밀을 몰래 알아내어 상대편에 제공하는 사람.

김구는 대한민국 임시 정부의 사람들이 독립운동의 방법에 대해 뜻을 하나로 모으지 못해 뿔뿔이 흩어질 때에도 임시 정부를 굳건하게 지켰어. 하지만 그것만으로는 부족하다고 생각했어.

'위기에 빠진 임시 정부를 구하려면 어서 새로운 길을 찾아야 한다!'

김구는 비밀 단체인 ✭한인 애국단을 만들었어. 그리고 한인 애국단의 단원들을 지휘하며 한국의 독립을 방해하는 일본인들을 없애고, 기관을[6] 폭파하는 데 앞장섰지.

한편, 이 사실이 알려지자 일제는 김구를 잡기 위해 눈에 불을 켜고 달려들었어. 그리고 김구에게 수십 채의 집을 살 수 있는 큰돈을 현상금으로[7] 내걸었지.

"이번 공격도 한인 애국단인가? 김구를 잡아야 한인 애국단을 없앨 수 있다. 김구의 현상금을 더 높여서라도 반드시 잡아 오란 말이다!"

김구는 요리조리[8] 일제의 감시를 피해 다니며 대한민국 임시 정부를 끝까지 이끌어 나갔어. 김구의 고단한 생활은 끝없이 이어졌지만, 독립운동가 김구의 명성은 나날이 높아졌지.

 용선생 키워드   ✭김구   ✭대한민국 임시 정부   ✭한인 애국단

---

[6] **기관** 어떤 일을 해 나가려고 만든 조직이나 단체. [7] **현상금** 어떤 것을 구하거나 사람을 찾는 일에 내건 돈. [8] **요리조리** 일정한 방향이 없이 요쪽 조쪽으로.

1
중심
내용

이 글의 중심 내용을 바르게 말한 사람을 찾아 O표 해 보세요.

㉠ 감옥에서
탈출한 김구

㉡ 임시 정부의
경무 국장을 맡은 김구

㉢ 대한민국 임시 정부와
한인 애국단을 이끈 김구

 ☐

 ☐

 ☐

2
인물
이해

이 글의 김구가 한 일로 알맞은 것을 모두 선으로 이어 보세요.

㉠ 한인 애국단을 만들었다.

㉡ 이토 히로부미를 저격했다.

㉢ 대한민국 임시 정부를 이끌었다.

㉣ 청산리 대첩을 승리로 이끌었다.

3
내용
이해

이 글의 내용과 일치하지 않는 것은 무엇인가요? (   )

① 김구는 아무도 모르게 조용히 감옥에서 탈출했다.

② 김구는 한인 애국단원들을 지휘하며 단체를 이끌어 갔다.

③ 김구는 사람들이 모두 흩어질 때에도 임시 정부를 끝까지 지켰다.

④ 김구는 나라의 독립을 위해 작은 일도 마다하지 않겠다고 생각했다.

4
추론

이 글을 읽고 일제가 다음 지명 수배 전단지를 만든 까닭을 골라 보세요. (   )

지명 수배

김 구
현상금: 600,000

① 김구가 대한민국 임시 정부를 만들었기 때문이다.

② 김구가 만주에 신흥 무관 학교를 세웠기 때문이다.

③ 김구가 천안 아우내 장터에서 만세 시위를 벌였기 때문이다.

④ 김구가 한인 애국단을 이끌고 일제의 주요 인물을 없앴기
때문이다.

5 빈칸을 채우며, 이 글의 내용을 정리해 보세요.

핵심
정리

보기	김구	김정호	조선 총독부	한인 애국단

> ㉠_____는 대한민국 임시 정부를 끝까지 지키며 나라의 독립을 위해 힘썼다. 그는 ㉡_____을 만들어 한국의 독립을 방해하는 일제의 주요 인물들을 없애는 데 앞장섰다.

어휘 학습

6 뜻풀이에 알맞은 낱말을 골라 ○표 해 보세요.

어휘
복습

(1) 맡은 일에 대한 책임. ·· (직업 / 직책)

(2) 법정에서 재판관이 재판 결과를 알리는 것. ······························· (선고 / 선발)

(3) 어떤 것을 구하거나 사람을 찾는 일에 내건 돈. ······················ (비상금 / 현상금)

7 밑줄 친 낱말의 알맞은 뜻을 골라 번호를 써 보세요.

어휘
적용

기관	① 생명이 있는 동식물에서 어떤 기능을 맡은 부분. 예 가슴 안쪽의 폐는 호흡을 하는 **기관**이다. ② 어떤 일을 해 나가려고 만든 조직이나 단체. 예 국회는 법을 만드는 일을 하는 국가 **기관**이다.

(1) 도서관은 사회의 모두를 위해 운영되는 공공 기관이다. (   )

(2) 식물의 뿌리는 땅속에서 물과 양분을 흡수하는 기관이다. (   )

💡 아래에 있는 가로세로 열쇠 힌트를 읽고, 알맞은 키워드를 넣어 가로세로 역사 퍼즐을 완성해 보세요.

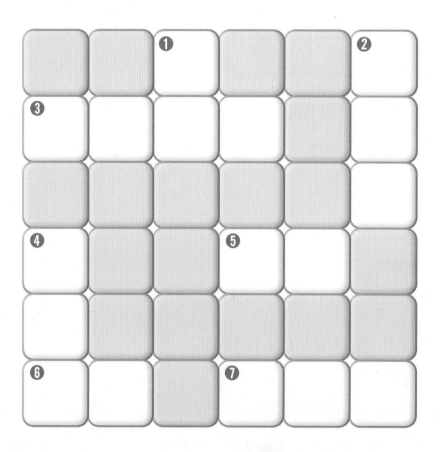

 가로 열쇠

❸ 민족 지도자들은 중국 상하이에 모여 ○○○○ 임시 정부를 세웠어.

❺ 일왕의 조상신을 모신 사당이야. 일제 강점기에 우리나라 사람들은 이곳에 참배하도록 강요당했어.

❻ 일제는 한국인을 자신들의 침략 ○○ 에 끌어들이기 위해 수단과 방법을 가리지 않았어.

❼ ○○○은 홍범도와 청산리에서 독립군을 이끌며 일본군과 맞서 싸웠어.

 세로 열쇠

❶ 일제 강점기에 일제는 우리나라 사람들에게 황국 ○○ 서사를 외우게 했어. 이것을 외우지 못하면 벌금을 물거나 매를 맞았지.

❷ 김구는 한국의 독립을 방해하는 일본인을 없애기 위해 한인 ○○○을 만들었어.

❹ 신채호는 민족의 자긍심을 높이기 위해 우리 역사 속 영웅들의 ○○○을 썼어.

드디어 일제의 지배에서 벗어나
광복을 맞이했어!
광복 이후에는 무슨 일이 있었을까?

5주

1940년	1945년	1948년	1948년	1950년
한국광복군 창설	8·15 광복	남북 협상	대한민국 정부 수립	6·25 전쟁 발발

회차	학습 내용	핵심 키워드	교과 연계	학습 계획일
21	**윤봉길**, 독립의 열망을 세계에 알리다	✧ 윤봉길 ✧ 한인 애국단	【사회 5-2】 2. 사회의 새로운 변화와 오늘날의 우리 ③ 일제의 침략과 광복을 위한 노력	월 일
22	**한국광복군**, 광복을 위해 끝까지 싸우다	✧ 한국광복군 ✧ 광복	【사회 5-2】 2. 사회의 새로운 변화와 오늘날의 우리 ③ 일제의 침략과 광복을 위한 노력	월 일
23	**38도선**을 경계로 남과 북이 나누어지다	✧ 38도선 ✧ 김구 ✧ 남북 협상	【사회 5-2】 2. 사회의 새로운 변화와 오늘날의 우리 ③ 대한민국 정부의 수립과 6·25 전쟁	월 일
24	**제헌 국회**, 나라의 기틀을 만들어 나가다	✧ 제헌 국회 ✧ 대한민국 정부 수립	【사회 5-2】 2. 사회의 새로운 변화와 오늘날의 우리 ③ 대한민국 정부의 수립과 6·25 전쟁	월 일
25	**6·25 전쟁**, 남과 북이 총부리를 겨누다	✧ 6·25 전쟁 ✧ 인천 상륙 작전 ✧ 휴전선	【사회 5-2】 2. 사회의 새로운 변화와 오늘날의 우리 ③ 대한민국 정부의 수립과 6·25 전쟁	월 일
역사 놀이터			키워드 찾기 대작전!	

21 윤봉길, 독립의 열망을 세계에 알리다

윤봉길은 독립운동을 위해 중국 상하이에 왔어. 그는 어떤 방법으로 독립운동을 했을까?

중국 상하이의 거리, 신문을 보던 사람들이 웅성거리기① 시작했어.

"이봉창이라는 한국인이 도쿄에서 일왕을 향해 폭탄을 던졌다더군!"

"비록 실패했지만, 정말 대단한 사람일세!"

독립운동에 뛰어들기 위해 상하이로 온 ☆윤봉길은 ☆한인 애국단 단원인 이봉창의 의거 소식을 듣고 가슴이 마구 뛰었어.

'자신의 목숨을 아까워하지 않고, 일제의 심장 도쿄에서 폭탄을 던지다니! 나 또한 조국②을 구하기 위해 죽음을 겁내지 않으리!'

윤봉길은 곧장 한인 애국단을 이끌던 김구를 찾아갔어.

"선생님, 저도 이봉창 님처럼 나라를 위해 목숨을 바칠 각오가 되어 있습니다. 한인 애국단의 단원으로 받아 주십시오."

"자네의 눈빛을 보니 뭔가 대단한 일을 해낼 수 있을 것 같군! 하지만 아직은 때가 아니니 조금만 더 기다려 보세."

3개월 뒤, 일제는 중국과 전쟁을 일으켜 상하이까지 차지했어. 일제는 상하이 시내에 있는 홍커우 공원에서 일왕의 생일을 축하하고, 일본군의 상하이 점령③을 기념하는 행사를 열기로 했지.

"선생님, 소식 들으셨습니까? 일제의 핵심④ 인물들이 모두 홍커우 공원에 모인다고 합니다."

"드디어 때가 왔네! 윤봉길, 홍커우 공원에서 폭탄을 던져 일제의 핵심 인물들을 처단할 수 있겠나?"

"조국의 영광을 위해 목숨을 바치겠습니다."

윤봉길은 한인 애국단에 가입하고 일제의 핵심 인물들을 처단하겠다고

---

❶ **웅성거리다** 여럿이 모여 낮은 목소리로 떠드는 소리가 나다. ❷ **조국** 조상 대대로 살아온 나라. ❸ **점령** 군대가 적의 영토를 빼앗음. ❹ **핵심** 가장 중요하고 중심이 되는 것.

피로써 다짐했어.

아침이 밝았어. 윤봉길은 오른손에는 일장기를,^❺ 왼손에는 물통으로^❻ 위장한 폭탄을 들고 공원 안으로 들어갔지.

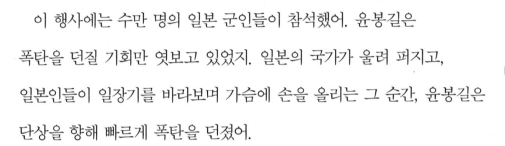

지금이다! 조국을 위해!

이 행사에는 수만 명의 일본 군인들이 참석했어. 윤봉길은 폭탄을 던질 기회만 엿보고 있었지. 일본의 국가가 울려 퍼지고, 일본인들이 일장기를 바라보며 가슴에 손을 올리는 그 순간, 윤봉길은 단상을 향해 빠르게 폭탄을 던졌어.

"대한 독립 만세!"

"쾅!"

홍커우 공원은 순식간에 아수라장이 되었어. 윤봉길의 폭탄에 일본군 사령관을 비롯한 여러 일본인들이 죽거나 다쳤지. 윤봉길은 일본군에게 양팔이 붙들린 채 끌려가면서도 용감하게 외쳤어.

"대한 독립 만세! 대한 독립 만세!"

윤봉길의 의거는 침체되어^❼ 있던 대한민국 임시 정부의 활동에 활기를 되찾아 주었어. 그리고 우리 민족의 독립에 대한 열망을 세상에 알리는 계기가^❽ 되었지.

용선생 키워드   ☆윤봉길   ☆한인 애국단

---

❺ **일장기** 일본의 국기. ❻ **위장하다** 원래의 모습이 드러나지 않게 꾸미거나 숨기다. ❼ **침체되다** 어떤 일이 앞으로 나아가지 못하고 제자리에 머무르게 되다. ❽ **계기** 어떤 일이 일어나는 결정적인 원인.

1 이 글을 읽고 다음 문장에 들어갈 알맞은 낱말을 골라 ○표 해 보세요.

중심
내용

> 상하이 홍커우 공원에서 폭탄을 던진 (김구 / 윤봉길)의 의거는 우리 민족의
> 독립에 대한 열망을 세상에 널리 알리는 계기가 되었다.

2 이 글을 읽고 한인 애국단 단원으로 알맞은 인물을 <u>모두</u> 색칠해 보세요.

내용
이해

㉠ 안중근

㉡ 윤봉길

㉢ 이봉창

3 이 글을 영화로 만들었어요. 영화의 장면을 순서대로 나열해 보세요.

내용
적용

㉠ 이봉창이 일왕을 향해 폭탄을 던졌다.

㉡ 윤봉길이 홍커우 공원에서 폭탄을 던졌다.

㉢ 윤봉길이 일본군에게 체포되었다.

㉣ 윤봉길이 김구에게 독립운동의 뜻을 밝혔다.

(㉠) ➡ ( ) ➡ ( ) ➡ ( )

4 다음 역사 신문에서 이 글의 내용과 일치하지 <u>않는</u> 것은 무엇인가요? ( )

내용
적용

> **윤봉길, 상하이에서 일본군을 향해 폭탄을 던지다!** XX월 XX일
>
> 1932년 4월, 일제는 상하이 홍커우 공원에서 ① <u>일왕의 생일과 일본군의 상하이 점령을 기념하는 행사를 열었다.</u> ② <u>한인 애국단의 단원 윤봉길은 기념 행사에 참석해 단상을 향해 폭탄을 던졌다.</u> 하지만 그가 ③ <u>던진 폭탄은 터지지 않아 일본군은 피해를 보지 않았다.</u> 그의 ④ <u>의거는 대한민국 임시 정부의 활동에 활기를 되찾아 주었다고 평가된다.</u>

5 빈칸을 채우며, 이 글의 내용을 정리해 보세요.

핵심
정리

> ☐☐ ☐☐ 의 윤봉길은 상하이의 홍커우 공원에서
>
> 일제의 행사장을 향해 물통 폭탄을 던졌다. 그의 의거는 우리 민족의 독립 의지를
>
> 세계에 알리는 계기가 되었다.

6 낱말의 알맞은 뜻을 찾아 선으로 이어 보세요.

어휘
복습

(1) 계기 •
(2) 점령 •
(3) 조국 •

• ① 조상 대대로 살아온 나라.

• ② 군대가 적의 영토를 빼앗음.

• ③ 어떤 일이 일어나는 결정적인 원인.

7 밑줄 친 낱말의 뜻이 다음과 같은 것을 골라 보세요. (   )

어휘
적용

> 가장 중요하고 중심이 되는 것.

① 경기 침체로 많은 가게가 문을 닫았다.

② 수지는 문제의 핵심을 찌르는 질문을 했다.

③ 전쟁이 나자 군인들은 목숨을 바쳐 조국을 지켰다.

④ 첩자는 위장 결혼하여 자신의 신분을 철저하게 숨겼다.

한국광복군, 광복을 위해 끝까지 싸우다

대한민국 임시 정부가 정식 군대를 만들었어! 이들은 어디에서 어떤 활동을 벌였을까?

대한민국 임시 정부는 군대를 만들어 일제와의 결전❶을 준비하기로 마음먹었어.

"일제와 맞서 싸우기 위해서는 나라를 대표하는 정식 군대가 필요합니다!"

"그렇소. 체계를 갖춘 정식 군대를 만들어 일제와 전쟁을 벌입시다!"

대한민국 임시 정부는 정식 군대인 ★한국광복군을 만들었어. 한국광복군은 중국 각지에서 흩어져 싸우고 있던 독립군 부대들을 한데 모으고, 일제에 의해 억지로 일본군으로 끌려간 한국인들을 탈출시키기도 했지! 이같은 노력으로 한국광복군의 규모는 나날이 커져 갔어.

한편 일제의 욕심은 동남아시아까지 뻗쳤어. 일제의 영향력이 점점 커지자 미국과 영국 등 연합국은 일제를 견제하기 시작했어. 그러자 일제는 미국의 진주만을 공격하기에 이르렀지.

"때가 왔다. 우리도 연합국의 일원❷이 되어 일제에 맞서 싸우겠다!"

한국광복군은 곧장 일제에 선전 포고❸를 했어. 우리나라가 연합국의 일원으로 일제에 맞서 싸우고 있다는 것을 세계에 알리기 위해서야.

그러면서 한국광복군은 연합군과 합동 작전을 펼쳤어. 인도와 미얀마에서 영국군과 함께 일본군 포로를 조사하고, 적의 정보를 수집하며 일본군에 맞서 싸웠지.

또 미군과 함께 비밀 작전을 세우기도 했어. 특수 훈련을 받은 군인들을 국내로 몰래 들여보내 일제가 세운 주요 시설을 파괴하려고 한 거야. 한국광복군은 모든 준비를 마치

민족의 광복을 위해 싸우겠어!

---

❶ **결전** 이기고 짐을 결정짓는 중요한 싸움. ❷ **일원** 단체에 소속된 구성원. ❸ **선전 포고** 한 나라가 다른 나라에게 전쟁의 시작을 공식적으로 알리는 일.

고 국내로 진입할 날만 기다리고 있었어.

그런데 ☆1945년 8월 15일, 일제가 갑작스럽게 연합국에 항복을 선언했어. 미국이 일본에 원자 폭탄을 떨어뜨리자 비로소 연합국에 두 손을 든 거지.

"일본은…… 무조건 항복합니다……."

일제의 항복 소식이 알려지자 그동안 마음껏 불러 보지 못한 함성이 여기저기서 터져 나왔어.

"대한 독립 만세! 대한 독립 만세!"

"우리 민족이 일제의 지배로부터 벗어났다!"

우리 민족은 드디어 일제의 가혹한 통치에서 벗어나 ☆광복을 맞이했어. 우리가 광복을 맞이할 수 있었던 것은 일본이 연합국에 항복해서이기도 하지만, 그동안 우리 민족이 온갖 희생을 무릅쓰고 일제에 저항하며 꾸준히 독립운동을 이어 왔기 때문이기도 해.

한국광복군의 국내 진공 작전은 이뤄지지 못했지만, 일제가 항복했다는 소식에 다 함께 얼싸안고 뜨거운 눈물을 흘렸어.

일제의 헛된 욕심은 이렇게 끝이 났어.

 용선생 키워드   ☆한국광복군   ☆광복(1945년 8월 15일)

---

❹ **진입하다** 어떤 곳에 들어서다. ❺ **가혹하다** 몹시 모질고 심하다. ❻ **광복** 우리가 일본에게 빼앗긴 나라를 되찾는 일. ❼ **무릅쓰다** 힘들고 어려운 일을 참고 견디다.

1 다음의 열쇠를 보고 십자말풀이를 풀어 보세요.

중심
내용

①		②		

가로 열쇠

① 대한민국 임시 정부가 만든 정식 군대.

세로 열쇠

② 1945년 8월 15일, 우리가 일제로부터 빼앗긴 나라를 되찾은 일.

2 이 글의 내용과 일치하지 <u>않는</u> 것은 무엇인가요? (   )

내용
이해

① 미국과 영국은 일제의 동남아시아 침략에는 관심이 없었다.

② 한국광복군은 억지로 일본군으로 끌려간 한국인들을 탈출시켰다.

③ 대한민국 임시 정부는 일제와 맞서기 위해 한국광복군을 만들었다.

④ 일제가 미국의 진주만을 공격하자 임시 정부는 일제에 선전 포고를 했다.

3 한국광복군을 인터뷰했어요. 이 글의 내용과 일치하지 <u>않는</u> 것을 골라 보세요. (   )

내용
적용

① 한국광복군은 대한민국 임시 정부의 정식 군대입니다. 우리는 중국 각지에 흩어져 싸우고 있던 군대들을 하나로 모으려고 했지요. 또 ② 일본의 군인을 강제로 데려와 한국광복군에 포함시키기도 했죠.

최근에는 연합군과 힘을 합쳐 일제에 맞서 싸우고 있습니다. ③ 인도와 미얀마에서 영국군과 함께 일본군에 맞서 싸웠고, ④ 미군과 함께 비밀리에 국내로 들어갈 작전을 세우기도 했습니다.

4 다음 질문에 대한 대답으로 알맞은 것을 <u>모두</u> 골라 보세요. (,   )

내용
이해

 우리나라는 어떻게 광복을 맞이할 수 있었나요?

① 일제가 연합국에 항복을 선언했기 때문이다.

② 한국광복군의 국내 진공 작전이 성공했기 때문이다.

③ 연합국이 일제와의 전쟁에서 크게 패했기 때문이다.

④ 우리 민족이 꾸준히 독립운동을 이어 왔기 때문이다.

5 빈칸을 채우며, 이 글의 내용을 정리해 보세요.

핵심
정리

대한민국 임시 정부는 정식 ㉠ [ ][ ] 인 한국광복군을 만들었다.

⬇

한국광복군은 일제에 선전포고를 한 뒤, 연합국과 힘을 합쳐 일제에 맞서 싸웠다.

⬇

1945년 ㉡ [ ] 월 [ ][ ] 일, 일제의 항복으로 광복을 맞이했다.

6 낱말의 알맞은 뜻을 찾아 선으로 이어 보세요.

어휘
복습

(1) 광복 •

(2) 일원 •

(3) 선전 포고 •

• ① 단체의 소속된 구성원.

• ② 우리가 일본에게 빼앗긴 나라를 되찾는 일.

• ③ 한 나라가 다른 나라에게 전쟁의 시작을 공식적으로 알리는 일.

7 보기 에서 알맞은 낱말을 찾아 밑줄 친 말을 바꾸어 써 보세요.

어휘
적용

| 보기 | 결전 | 진입 | 통치 | 핵심 |

(1) 병사들은 <u>이기고 짐을 결정짓는 중요한 싸움</u>을 앞두고 훈련에 집중했다.

➡ 병사들은 (   )을 앞두고 훈련에 집중했다.

(2) 축구 전문가들은 한국이 월드컵 8강에 <u>들어설</u> 것으로 내다보았다.

➡ 축구 전문가들은 한국이 월드컵 8강에 (   )할 것으로 내다보았다.

23

38도선을 경계로 남과 북이 나누어지다

우리나라가 남과 북으로 나누어지다니! 도대체 무슨 일이 일어난 걸까?

역사 사전

소련
1922년부터 1991년까지 유럽과 아시아에 걸쳐 있었던 나라야. 소련은 사회주의를 내세운 국가로 지금은 러시아와 그 주변 여러 나라로 나뉘어졌지. 소련은 오랫동안 미국과 함께 국제 정치를 이끌었어.

38도선
미국과 소련이 우리나라에 세운 경계선이야. 북위 38도선에 위치해 있지. 남쪽에는 미군이, 북쪽에는 소련군이 들어왔어.

국제 연합
국제 연합(UN)은 제2차 세계 대전이 끝나고 세계의 평화와 안전을 지키기 위해 만든 국제 평화 기구야. 당시 국제 연합에서는 미국의 영향력이 강했기 때문에 소련은 국제 연합의 결정을 따르지 않았지.

"대한 독립 만세! 대한 독립 만세!"

1945년 8월 15일, 온 거리가 사람들의 만세 소리로 가득했어. 우리 민족이 일본의 지배에서 벗어나 광복을 맞이했기 때문이지. 사람들은 거리 곳곳에서 태극기를 힘차게 흔들며 해방❶의 기쁨을 마음껏 누렸어.

하지만 이 기쁨은 오래가지 않았어. 당시 세계에서 가장 강한 나라였던 미국과 소련이 일본군을 해산시키겠다며 한반도❷로 들어왔기 때문이야. 이들은 ☆38도선을❸ 경계로 한반도를 남과 북으로 나누었어. 그리고 남쪽은 미군이, 북쪽은 소련군이 맡아 다스렸지.

미국과 소련은 한반도에 정부를 세우기 위한 방법을 논의하기 시작했어. 하지만 각자 자기 나라에 유리한❹ 정부를 세우려고 해 결론을 내지 못했지.

"서로 입장이 다르니 한반도의 문제를 국제 연합에 넘깁시다!"

미국이 한반도의 문제를 국제 연합에 넘기자, 국제 연합은 한반도에 총선거를❺ 실시해 통일 정부를 세울 것을 결정했어. 총선거는 국회 의원을 뽑는 선거를 말해. 국회 의원을 뽑아 정부를 세우고 나라를 이끌어 가라는 뜻이지.

하지만 소련이 북쪽에서 선거를 치르는 것에 반대하면서 결국 남쪽에서만 총선거를 치르게 되었어. 이 소식이 알려지자 이승만과 ☆김구는 의견이 크게 엇갈렸지. 한때 대한민국 임시 정부에서 대통령을 맡았던 이승만은 남쪽에서만이라도 어서 빨리 정부를 세우자고 주장했어.

---

❶ **해방** 1945년 8월 15일에 우리나라가 일제의 지배에서 벗어난 일. ❷ **한반도** 우리나라의 국토 전체를 이르는 말. ❸ **경계** 나눠진 두 곳이 서로 만나는 자리. ❹ **유리하다** 어떤 일에 도움이 되어 이롭다. ❺ **선거** 조직이나 집단에서 대표자를 뽑는 것.

"북쪽과 협상이 뜻대로 되지 않으니, 남쪽에서만

이라도 선거를 실시해 어서 정부를 세웁시다!"

김구는 이승만과 생각이 달랐어. 시간이 걸리더

라도 북쪽과 협상해 하나의 정부를 세워야 한다고

주장한 거야.

"이러다가 남과 북이 영원히 갈라질 겁니다. 시간

이 걸리더라도 남북이 ^❻협상을 해야만 합니다. 통

일된 정부를 세워야 합니다!"

하지만 총선거 날짜는 ^❼여지없이 다가오고 있

었어.

'이대로 있을 순 없어. 나라도 북쪽의 지도자들을 설득해 보겠어!'

김구는 38도선을 넘어 북쪽으로 가 ☆남북 협상을 벌이기로 마음먹었

어. 사람들은 김구를 앞다퉈 말렸지.

"선생님, 다시 생각하십시오. 소용없는 일입니다!"

하지만 김구의 결심은 굳건했어.

"내가 38도선을 베고 쓰러질지언정 통일 정부를 세우기 위해서는 가야

만 하오."

김구는 평양으로 가 북쪽의 지도자와 협상을 벌였어. 하지만 이러한 김

구의 노력에도 불구하고 남북 협상은 성과 없이 끝나 버리고 말았지. 이후

남쪽에서만 총선거가 치러지면서 통일 정부 ^❽수립은 불가능하게 되었어.

용선생
키워드　　☆38도선　　☆김구　　☆남북 협상

---

❻ **협상** 목적에 맞는 결정을 하기 위해 여럿이 의논함. ❼ **여지없다** 달리 어찌할 방법이 없다. ❽ **수립** 국가나 정부,
제도, 계획 등을 세움.

1 이 글을 읽고 다음 문장에 들어갈 알맞은 낱말을 골라 ○표 해 보세요.

중심
내용

> 미국과 소련은 한반도를 (38도선 / 압록강)을 경계로 남과 북으로 나누었다.
> 이후 국제 연합은 한반도에 총선거를 실시해 통일 정부를 세울 것을 결정했으나,
> 소련의 반대에 부딪혀 남쪽에서만 선거를 치르기로 했다.

2 이 글의 내용과 일치하면 ○표, 일치하지 않으면 X표 해 보세요.

내용
이해

(1) 1945년 8월 15일 우리나라는 광복을 맞이했다. ( )

(2) 미국과 소련이 38도선을 경계로 한반도를 남과 북으로 나누었다. ( )

(3) 38도선을 경계로 한반도의 북쪽은 중국군이, 남쪽은 영국군이
맡아 다스렸다. ( )

3 이 글을 읽고 국제 연합이 다음과 같이 발표한 까닭을 골라 보세요. ( )

자료
해석

> 한국의 전체 지역에서 선거가 불가능하다면 국제 연합의 한국 임시 위원단이 접
> 근할 수 있는 한국 내의 지역에서의 선거를 진행하는 것이 필요할 것이다.
> 『국제 연합 한국 관계 결의문집』

① 미국과 소련이 한반도를 남과 북으로 나누었기 때문이다.
② 김구가 북한의 지도자를 만나 남북 협상을 벌였기 때문이다.
③ 이승만이 북쪽만의 정부를 세워야 한다고 주장했기 때문이다.
④ 소련이 국제 연합의 남북한 총선거 실시 결정을 따르지 않았기 때문이다.

4 이 글을 읽고 빈칸에 들어갈 알맞은 낱말을 써 보세요.

자료
해석

> 이 사진은 김구가 □□ □□을 위해 38도선을 넘어 북쪽
> 으로 가는 사진이다.
>
> _____

▶ 정답과 풀이 13쪽

5 빈칸을 채우며, 이 글의 내용을 정리해 보세요.

핵심
정리

미국과 소련이 ㉠ ☐☐ 도선을 경계로 우리나라를 남과 북으로 나눠 다스렸다.

⬇

미국과 소련이 한반도에 정부를 세우는 문제를 두고 갈등을 빚었다.
이에 미국은 국제 연합에 한반도 문제를 넘겼다.

⬇

국제 연합은 남북한 ㉡ ☐☐☐ 실시를 결정했으나,

소련의 거부로 남쪽만의 선거가 결정되었다.

6 낱말의 알맞은 뜻을 찾아 선으로 이어 보세요.

어휘
복습

(1) 해방 •

(2) 선거 •

(3) 한반도 •

• ① 우리나라의 국토 전체를 이르는 말.

• ② 조직이나 집단에서 대표자를 뽑는 것.

• ③ 1945년 8월 15일에 우리나라가 일제의 지배에서 벗어난 일.

7 빈칸에 들어갈 알맞은 낱말을 보기 에서 찾아 문장을 완성해 보세요.

어휘
적용

보기   경계   수립   연합   유리

(1) 짝꿍은 책상 가운데에 선을 그어 _____를 만들었다.
   ㄴ 나눠진 두 곳이 서로 만나는 자리.

(2) 선생님은 나에게 꼭 맞는 학습 계획을 _____하는 데 도움을 주셨다.
   ㄴ 국가나 정부, 제도, 계획 등을 세움.

제헌 국회, 나라의 기틀을 만들어 나가다

우리나라의 첫 번째 국회 의원 선거가 치러졌어. 이때 뽑힌 국회 의원들은 어떤 일을 했을까?

투표장 앞, 사람들의 얼굴에 설렘이 가득했어. 1948년 5월 10일, 우리나라의 첫 번째 국회 의원을 뽑는 선거가 치러졌기 때문이야.

"비록 남쪽에서만 치러지는 선거이지만, 내 손으로 국민의 대표를 뽑는다니! 참으로 감격스러운 순간이오. 부인은 어떤 후보를 뽑을 생각이오?"

"쯧쯧, 비밀 투표❶ 모르시오?"

선거는 만 21세 이상이면 남자이든 여자이든, 부자이든 아니든 상관없이 누구나 참여할 수 있었어. 이 때 198명의 국회 의원들이 뽑혔는데, 이들로 구성된 국회를 ☆제헌 국회라고 해.

국회 의원들은 한자리에 모여 나라의 기틀❷을 마련해 나갔어. 이들은 우리나라의 새로운 이름도 정했지.

"새 나라의 이름을 '대한민국'으로 하는 것이 어떻겠습니까?"

"일제 강점기에 독립운동을 이끈 대한민국 임시 정부를 잇는다❸는 뜻이 담겨 있군요. 정말 좋은 이름입니다."

국회 의원들은 나라를 운영하는 기본 원칙인 헌법❹도 만들었어. 이들이 만든 헌법은 1948년 7월 17일, 세상에 발표되었지.

역사 사전

제헌 국회
첫 번째 선거로 뽑힌 국회 의원으로 구성된 국회야. 헌법을 만들었기 때문에 제헌 국회라고 부르지.

민주 공화국
국민이 주인이 되어 이끌어 가는 나라야.

누구를 뽑지?

제 1조 대한민국은 민주 공화국❺이다.

제 2조 대한민국의 주권은 국민에게 있고 모든 권력은 국민으로부터 나온다.

(이하 생략)

---

❶ **비밀 투표** 누구에게 투표했는지 남이 알지 못하게 하는 투표. ❷ **기틀** 어떤 일을 이루는 밑바탕. ❸ **잇다** 끊어지지 않고 계속되게 하다. ❹ **헌법** 한 나라의 으뜸가는 법. ❺ **공화국** 주권이 국민에게 있는 나라.

국회는 헌법에 우리나라는 민주주의 국가이며, 우리나라의 주인은 국민이라고 분명하게 밝혔어. 또 대한민국의 국민은 모두가 균등한 기회를 가지며, 정치에 자유롭게 참여할 수 있다는 내용도 담았지.

제헌 국회의 다음 과제는 나라를 이끌어 갈 대통령을 뽑는 일이었어. 당시에는 지금과 달리 국회 의원들이 대통령을 뽑았는데, 대한민국의 첫 번째 대통령으로 이승만이 뽑혔지.

광복 3주년을 맞은 1948년 8월 15일, 많은 사람들이 ☆대한민국 정부가 정식으로 수립되는 순간을 축하하기 위해 기념식에 모여들었어.

"오늘 이 자리에서 대한민국 정부가 수립되었음을 선포합니다!"

"대한민국, 만세! 만세! 만세!"

드디어 우리 민족의 오랜 꿈이었던 독립 정부를 세우게 된 거야. 사람들은 새로운 나라에 대한 기대와 희망으로 벅차올랐어.

 ☆제헌 국회   ☆대한민국 정부 수립

---

❻ 균등하다 차별 없이 고르게 같다.

1

중심
내용

이 글을 읽고 다음 문장에 들어갈 알맞은 낱말을 골라 〇표 해 보세요.

> 제헌 국회는 우리나라의 새로운 이름을 (대한민국 / 대한 제국)이라고 지었다.

2

내용
적용

다음 일기를 읽고 이 글의 내용과 일치하지 <u>않는</u> 것을 골라 보세요. (   )

처음 선거에 참여하다!
1948년 5월 10일

오늘 우리나라의 첫 번째 국회 의원을 뽑는 선거가 치러졌다. 선거에는 ① 만 21세 이상이면 누구나 참여할 수 있어서 나도 투표했다. ② 이번 선거로 뽑힌 국회 의원들로 구성된 의회를 제헌 국회라고 한다던데, ③ 국회 의원들은 헌법을 만들 것이라고 한다. 조만간 ④ 첫 번째 대통령도 국민들이 직접 뽑는다고 하던데 벌써 기대된다.

3

추론

이 글을 읽고 다음 장면 이후에 벌어질 일로 알맞은 것을 골라 보세요. (   )

첫 번째 국회 의원 선거가 실시되었군!

① 제헌 국회에서 헌법을 만들었다.
② 김구가 한인 애국단을 만들었다.
③ 우리나라가 일본으로부터 광복을 맞이했다.
④ 중국 상하이에 대한민국 임시 정부가 세워졌다.

4

자료
해석

다음 사진을 본 친구들의 대화로 알맞은 것을 골라 보세요. (   )

▲ 대한민국 정부 수립 기념식

① 선애: 김구가 첫 번째 대통령으로 뽑혔어.
② 하다: 남한과 북한의 통일 정부가 세워졌어.
③ 수재: 우리 민족의 꿈이었던 독립 정부가 세워졌어.
④ 영심: 정부가 수립된 뒤, 우리나라의 첫 번째 선거가 치러졌어.

5 빈칸을 채우며, 이 글의 내용을 정리해 보세요.

핵심
정리

> 1948년 5월 10일, ㉠ ☐☐ ☐☐ 을 뽑는 첫 번째 선거가 실
>
> 시되었다. 이 선거에서 뽑힌 국회 의원들은 나라 이름을 대한민국이라 하고,
>
> ㉡ ☐☐ 을 만들었으며 이승만을 대통령으로 뽑았다. 마침내 1948년 8월
>
> 15일에 대한민국 정부가 수립되었다.

6 낱말의 알맞은 뜻을 찾아 선으로 이어 보세요.

어휘
복습

(1) 헌법 •

(2) 비밀 투표 •

(3) 공화국 •

• ① 한 나라의 으뜸가는 법.

• ② 주권이 국민에게 있는 나라.

• ③ 누구에게 투표했는지 남이 알지 못하게 하는 투표.

7 밑줄 친 낱말의 뜻이 다음과 같은 것을 골라 보세요. (   )

어휘
적용

> 어떤 일을 이루는 밑바탕.

① 그 법이 국회에서 만장일치로 통과되었다.
② 조선은 유학을 나라의 기틀로 삼은 나라이다.
③ 창희는 전교 학생회의 일원으로 활동하고 있다.
④ 정부는 재빨리 전염병 예방을 위한 계획 수립에 나섰다.

6·25 전쟁, 남과 북이 총부리를 겨누다

> 큰일이야!
> 북한이 쳐들어왔어!
> 6·25 전쟁은 어떻게
> 전개되었을까?

"북한군이 쳐들어왔다!"

1950년 6월 25일 모두가 고요히❶ 잠든 새벽, 북한군이 38도선을 넘어 남한에 쳐들어왔어. ☆6·25 전쟁이 시작된 거야. 갑작스러운 북한군의 공격에 국군은 제대로 맞서 싸우지도 못하고 낙동강까지 밀려났지.

그러자 국제 연합은 미군을 중심으로 하는 국제 연합군을 편성해❷ 한국으로 보냈어. 국군과 국제 연합군은 힘을 합쳐서 치열하게 북한군과 맞서 싸웠지. 하지만 북한군의 공격을 막아 내기란 쉽지 않았어.

"북한군의 허를 찌르는❸ 작전이 필요하다! 인천에서 적의 허리를 끊어 버리자!"

국군과 국제 연합군은 배로 인천에 상륙해❹ 북한군에게 무기와 식량을 공급하는 통로를 차단하기로 했어. 이 작전을 ☆인천 상륙 작전이라고 해. 이 작전이 성공하자 국군과 국제 연합군은 기세를 몰아 빼앗겼던 서울을 되찾고 한반도의 북쪽 끝까지 올라갔지.

6·25 전쟁의 과정

남한을 차지하자!

북한군의 침입과
낙동강까지 밀려난 국군

중국 도와줘!

인천에 상륙하자!

인천 상륙 작전

---

❶ **고요히** 조용하고 잠잠하게. ❷ **편성하다** 예산이나 조직 따위를 짜서 이루다. ❸ **허를 찌르다** 약하거나 엉성한 곳을 치다. ❹ **상륙하다** 배에서 육지로 오르다.

하지만 이것도 한순간이었어. 북쪽으로 쳐들어오는 국군과 국제 연합군에 위협을 느낀 중국이 전쟁에 뛰어든 거야. 중국은 북한을 도와 군대를 보내 국군과 국제 연합군을 공격했지.

"중국군과 북한군이 끝도 없이 몰려옵니다!"

결국 국군과 국제 연합군은 중국군과 북한군에게 서울을 다시 빼앗기고 말았어. 이후 국제 연합군과 국군은 서울을 되찾았지만 38도선 근처에서 ❺엎치락뒤치락하면서 계속해서 전쟁을 이어 나갔지.

"이대로 가다가는 전쟁이 영원히 끝나지 않겠소."

"전쟁을 멈출 방법을 논의해 봅시다."

전쟁이 길어지며 끝이 보이지 않자, 전쟁을 멈추기 위한 ❻정전 협상이 시작되었어. 기나긴 회의 끝에 정전이 결정되었지. 그리고 서로 맞서 싸우던 자리에 ☆휴전선이 그어지면서 한반도는 다시 둘로 나뉘고 말았어.

역사 사전

휴전선
남한과 북한 사이에 그어진 군사 행동 경계선이야. 1953년 7월 27일에 휴전되면서 한반도의 가운데를 가로질러 그어졌지. 휴전선에서 남북으로 각각 2km 떨어진 곳까지 비무장 지대가 설치되었어. 말 그대로 군사 시설이나 무기 등을 두지 않는 곳이지.

용선생 키워드   ☆6·25 전쟁   ☆인천 상륙 작전   ☆휴전선

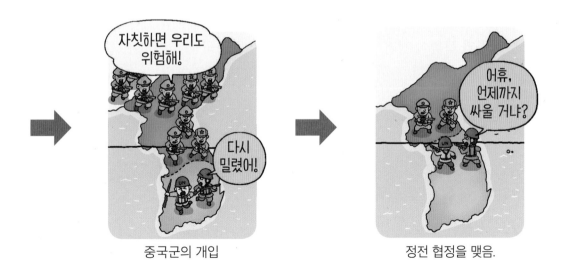

중국군의 개입   정전 협정을 맺음.

---

❺ **엎치락뒤치락하다** 양쪽이 비슷하게 겨뤄 나가다. ❻ **정전** 전쟁을 한 나라들이 서로 합의해 전쟁을 얼마 동안 멈추는 일.

1 이 글의 중심 내용으로 알맞은 것은 무엇인가요? (   )

중심
내용

① 6·25 전쟁의 전개 과정과 결과   ② 전쟁으로 가족을 잃은 이산가족

③ 6·25 전쟁에 파견된 국제 연합군   ④ 전쟁에 뛰어들어 북한군을 도운 중국군

2 이 글을 영화로 만들었어요. 영화의 장면을 순서대로 나열해 보세요.

내용
적용

㉠ 북한군이 38도선을 넘어
남한에 쳐들어왔다.

㉡ 국군과 국제 연합군의
인천 상륙 작전이 성공했다.

㉢ 남한과 북한이 정전
협정을 맺었다.

㉣ 중국군이 전쟁에
참가했다.

(㉠) ➡ (   ) ➡ (   ) ➡ (   )

3 이 글의 내용과 일치하지 <u>않는</u> 것은 무엇인가요? (   )

내용
이해

① 국군은 한 번도 서울을 빼앗긴 적이 없다.

② 정전 협상 끝에 한반도에는 휴전선이 그어졌다.

③ 국제 연합은 국제 연합군을 편성해 한국에 보냈다.

④ 중국군은 북한군을 도와 국군과 국제 연합군을 공격했다.

4 빈칸을 채우며, 이 글의 내용을 정리해 보세요.

핵심
정리

북한의 침입	1950년 6월 25일, 북한군이 남한에 쳐들어와 국군이 낙동강까지 밀려났다.
국군과 국제 연합군의 작전	• 미국을 중심으로 하는 국제 연합군이 한국에 파견되었다. • 국군과 국제 연합군이 ㉠ ☐☐ 상륙 작전을 벌여 서울을 되찾고 압록강까지 나아갔다.
중국군의 개입	중국이 전쟁에 뛰어들었고, 전쟁은 38도선 부근에서 엎치락뒤치락했다.
정전	㉡ ☐☐ 협정을 맺어 전쟁을 멈췄다.

🗣️ **어휘 학습**

5 낱말의 알맞은 뜻을 찾아 선으로 이어 보세요.

어휘
복습

(1) 정전 •

(2) 기세 •

(3) 상륙하다 •

• ① 배에서 육지로 오르다.

• ② 세차게 뻗는 기운이나 힘.

• ③ 전쟁을 한 나라들이 서로 합의해 전쟁을 얼마 동안 멈추는 일.

6 대화를 읽고 빈칸에 들어갈 말로 알맞은 것을 골라 보세요. (   )

어휘
적용

> 영수: 지우야, 우리가 해냈어! 우리가 축구 대회에서 우승했다고!
> 지우: 영수, 너 덕분이야. 네가 마지막에 넣은 골이 결정적이었어.
> 영수: 상대의 허를 찌르는 공격이 먹힌 것 같아.
> 지우: 허를 찌르는 게 뭐야?
> 영수: ＿＿＿＿＿＿＿＿＿＿＿ 라는 뜻이야.

① 배에서 육지로 오르다   ② 약하거나 엉성한 곳을 치다

③ 양쪽이 비슷하게 겨뤄 나가다   ④ 어떤 일에 도움이 되어 이롭다

💡 각각의 빈칸에 들어갈 키워드를 아래 글자판에서 찾아 동그랗게 묶고, 해당 번호를 써 보세요.

❶ 한인 애국단의 단원이었던 ○○○은 상하이 훙커우 공원에서 폭탄을 던졌어.

❷ 대한민국 임시 정부가 일본과 맞서 싸우기 위해 만든 정식 군대는 한국○○○이야.

❸ 미국과 ○○은 38도선을 경계로 한반도를 남과 북으로 나눠 다스렸어.

❹ 우리나라의 첫 번째 선거를 통해 뽑힌 국회 의원들로 구성된 국회를 말해.

❺ ○○○은 우리나라의 첫 번째 대통령으로 뽑혔어.

❻ 6·25 전쟁 당시, 국제 연합군은 국군과 함께 ○○ 상륙 작전을 펼쳤어. 이 작전으로 국군과 국제 연합군은 서울을 되찾고 한반도 북쪽 끝까지 올라갔지.

❼ 6·25 전쟁을 멈추기 위해 정전 협상을 벌였어. 그 결과, 남북한 사이에는 ○○○이 그 어졌지.

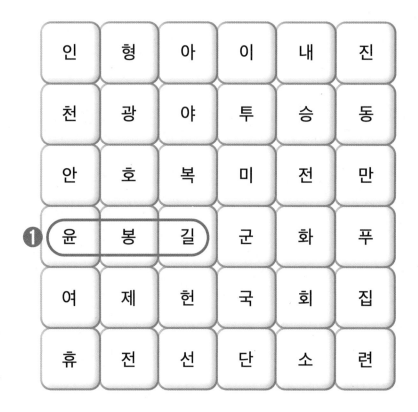

대~한민국! 짝짝! 짝! 짝짝! 갑자기 무슨 응원이냐고?
우리나라가 어떤 일을 겪어 왔는지 알면
금방 이해될 거야! 다 같이 응원해 보자!

6주

아물지 않는 민족의 상처 6·25 전쟁

무서웠던
6 · 25 전쟁이 끝났어.
전쟁이 끝난 후의
모습은 어땠을까?

6·25 전쟁이 끝난 뒤 나라의 모습은 참으로 끔찍했어. 수많은 사람들이 목숨을 잃었고, 집이나 공장, 다리 등 건물들은 무너져 폐허나❶ 다름없었❷거든.

6·25 전쟁은 사람들에게 큰 아픔을 남겼어. 먼저 가족이나 가까운 이웃을 더 이상 볼 수 없게 되었지. 전쟁 중에 남북한 인구의❸ 6분의 1에 해당하는 사람들이 죽거나 다쳤거든. 전쟁터에 나간 군인뿐만 아니라 집에서 숨죽이고 지내던 민간인들도❹ 많이 희생되었지.

하루아침에 부모를 잃은 어린아이들도 많이 생겨났어.

"엄마, 아빠! 눈을 떠보세요! 저만 두고 가시면 안 돼요!"

전쟁 중에 부모를 잃은 아이들을 ☆전쟁고아라고 해. 전쟁고아들은 스스로 돈을 벌어야 해서 매우 어렵게 생활해야만 했어.

전쟁 통에 이리저리 흩어져 가족과 헤어진 ☆이산가족도❺ 헤아릴 수가 없을 만큼 많았지. 이들은 가족이 죽었는지 살았는지조차 알 수 없어 발만 동동 굴렀어.

"제 어머님은 개성에 계십니다. 제발 한 번만 다녀오게 해 주십시오. 제발 부탁입니다!"

"안 됩니다! 이제 북쪽으로는 넘어갈 수 없습니다."

피란민들은❻ 전쟁을 피해 떠나온 고향에 더 이상 돌아갈 수 없게 되었어. 휴전선이 그어지면서 전쟁 전에 남한 땅이었던 곳이 북한 땅이 되고, 북한 땅이었던 곳이 남한 땅이 된 경우도 많았기 때문이야.

역사 사전

큰 인명 피해를 낸 6·25 전쟁

전쟁으로 남한은 약 162만 명이, 북한은 약 243만 명이 죽거나 다쳤어. 뿐만 아니라 국제 연합군은 16만 명, 뒤늦게 전쟁에 참가한 중국군은 100만 명에 가까운 인명 피해를 입었지.

---

❶ **폐허** 집 같은 것이 무너져서 못 쓰게 된 터. ❷ **다름없다** 견주어 볼 때 비슷하거나 같다. ❸ **인구** 일정한 지역에 사는 사람들의 수. ❹ **민간인** 관리나 군인이 아닌 일반 사람. ❺ **헤아리다** 수나 양을 세다. ❻ **피란민** 전쟁과 같은 난리를 피해 옮겨 가는 사람.

사람들은 먹고살기 위해 일을 하고
싶어도 일할 수가 없었어. 전쟁 통에
일할 곳이 모두 무너져 내렸거든.

　"우리 마을의 공장이 모두 파괴되었어.
우리는 어떻게 먹고살아야 하지?"

　수많은 공장뿐만 아니라 철도, 도로, 다
리들도 하늘에서 떨어진 폭탄, 여기저기서
날아든 총알에 의해 모두 파괴되었지. 이때 수많은 문화유산[7]도
휘손[8]되거나 불타 없어졌어.

　"저기 봐, 덕수궁이 폐허가 되었어! 옆 건물은 아예 사라졌잖아?"

　"그 커다란 수원 화성도 다 무너지고 일부만 덩그러니 남았네."

　6·25 전쟁으로 더 이상 볼 수 없게 된 문화유산은 셀 수도 없이 많아.
이렇게 6·25 전쟁은 우리나라에 씻을 수 없는 상처를 남겼어.

 용선생 키워드　　✡전쟁고아　　✡이산가족

---

❼ **문화유산** 여러 문화 가운데 다음 세대에 물려줄 가치가 있는 것. ❽ **휘손되다** 헐리거나 깨져 못 쓰게 되다.

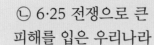

1

중심
내용

이 글의 중심 내용을 바르게 말한 사람을 찾아 〇표 해 보세요.

㉠ 남한의 땅이 된
북한 땅

㉡ 6·25 전쟁으로 큰
피해를 입은 우리나라

㉢ 전쟁으로 부모를
잃은 아이들

2

내용
이해

이 글을 읽고 6·25 전쟁 직후의 모습으로 알맞지 <u>않은</u> 것을 골라 보세요. (   )

① 수많은 사람들이 죽거나 다쳤다.

② 경제가 발전해 먹을거리가 넉넉했다.

③ 수많은 아이들이 전쟁 통에 부모를 잃었다.

④ 수많은 공장, 철도, 도로, 다리 등이 부서졌다.

3

내용
이해

이 글의 피란민이 다음과 같이 말한다면 그 까닭은 무엇인가요? (   )

전쟁을 피해
잠시 떠나왔을 뿐인데
내 고향으로 돌아가지
못한다니 서럽구나!

① 휴전선을 넘는 길이 복잡했기 때문이다.

② 남과 북을 오가는 길이 막혔기 때문이다.

③ 남한과 북한이 또다시 전쟁을 일으켰기 때문이다.

④ 국민들이 군인이 되어 경비를 서야 했기 때문이다.

4

자료
해석

이 글을 읽고 빈칸에 공통으로 들어갈 알맞은 낱말을 써 보세요.

1983년, 한국 방송 공사(KBS)에서는 '   을 찾습니다'

특별 생방송을 진행했다. 이 방송으로 6·25 전쟁 당시 가족과 헤어졌던

          이 30여 년 만에 만날 수 있었다.

▶ 정답과 풀이 14쪽

5 빈칸을 채우며, 이 글의 내용을 정리해 보세요.

사람들의 피해	• 전체 인구의 6분의 1에 해당하는 사람들이 죽거나 다쳤다. • 부모를 잃은 아이들인 ㉠ [　　　　] 가 생겼다. • 전쟁 통에 가족과 헤어진 이산가족들이 생겼다.
물질적인 피해	• 많은 공장과 철도, 도로, 다리 등이 파괴되었다. • 덕수궁, 수원 화성 등 수많은 ㉡ [　　　　] 이 훼손되거나 없어졌다.

어휘 학습

6 뜻풀이에 알맞은 낱말을 골라 ○표 해 보세요.

(1) 집 같은 것이 무너져서 못 쓰게 된 터. ⋯⋯⋯⋯⋯⋯⋯⋯⋯⋯⋯⋯⋯⋯⋯ (잔해 / 폐허)

(2) 전쟁과 같은 난리를 피해 옮겨가는 사람. ⋯⋯⋯⋯⋯⋯⋯⋯⋯⋯⋯⋯ (원주민 / 피란민)

(3) 여러 문화 가운데 다음 세대에 물려줄 가치가 있는 것. ⋯⋯⋯⋯ (문화유산 / 볼거리)

7 밑줄 친 낱말의 뜻이 다음과 같은 것을 골라 보세요. (　　　)

> 관리나 군인이 아닌 일반 사람.

① 비행장은 적의 폭격으로 순식간에 폐허가 되었다.

② 건강을 생각해 담배를 끊는 인구가 점점 많아지고 있다.

③ 무분별한 개발 공사로 인해 자연환경의 훼손이 심각하다.

④ 군사들이 작전하고 있는 지역에 민간인은 출입할 수 없다.

부정 선거 웬 말이냐!
4·19 혁명

이승만 정부가
선거에서 이기기 위해
나쁜 짓을 했어.
이 사실을 안 시민들은
어떻게 행동했을까?

6·25 전쟁으로 국민들의 삶은 매우 힘들어졌어. 하지만 대통령인 이승만은 나라를 돌보기보다는 자신의 권력을 유지하기에만 바빴지.

"이승만 정부의 부정부패가 갈수록 심해지고 있습니다."

"이번 선거에서 우리 국민들의 뜻을 보여 줍시다!"

많은 국민들이 이승만 정부에 대해 불만을 가졌어. 그러자 이승만은 1960년 3월 15일에 있을 정부통령 선거에서 이기기 위해 부정 선거를 저지르기로 마음먹었지. 그래서 사람들에게 돈을 주는 대가로 이승만을 찍게 하거나, 이승만을 찍지 않은 투표 용지를 모조리 불태워 버렸어. 이 밖에도 투표하지 않은 사람 대신 투표를 하거나, 여럿이 짝을 지어 공개적으로 투표하도록 하는 등 잘못된 방법으로 선거를 치렀어. 이렇게 이승만은 부정 선거로 큰 승리를 거두었고, 이 사실을 알게 된 국민들은 크게 분노했지.

국민들은 부정 선거를 바로잡기 위해 자리에서 일어나 시위를 벌였어.

"3·15 부정 선거는 무효다!"

"독재 정권 물러나라!"

경찰들은 시위를 벌이는 사람들을 향해 총을 쏘기까지 했어. 이때 시위에 참여했던 고등학생 김주열이 최루탄에 맞아 죽은 채로 바다에서 발견되었지.

"주열아! 네가 왜……. 어째서 죽어 있는 것이냐!"

시위에 참여한 학생이 목숨을 잃자 국민들의 분노는 폭발하고 말았어. 화가 난 국민들의 시위는 들불처럼 번져 전국으로 퍼져 나갔지.

역사 사전

정부통령 선거
대통령과 부통령을 함께 뽑는 선거야. 우리나라에서는 1960년 6월에 헌법을 개정하면서 부통령제가 폐지되었어.

---

❶ **국민** 국가를 구성하는 사람. ❷ **부정부패** 정치, 사상, 의식 따위가 깨끗하지 못하고 썩을대로 썩음. ❸ **독재** 개인이나 집단이 모든 권력을 쥐고 마음대로 지배함. ❹ **최루탄** 눈물을 흘리게 하는 따가운 물질을 넣은 무기.

1960년 4월 19일, 많은 학생과 시민들이 서울의 거리로 쏟아져 나와 이승만의 독재와 부정 선거를 비판하는 시위를 벌였어. 이를 ☆4·19 혁명[5]이라고 해.

시위의 규모가 얼마나 컸냐면 초등학생들도 거리로 나와 "부모 형제들에게 총부리[6]를 겨누지 말라!"고 외칠 정도였지.

경찰은 이번에도 시위대를 향해 무자비[7]하게 총을 쏘아 댔어. 시위에 참여했던 많은 사람들이 죽거나 다쳤지. 하지만 매서운 총알도 민주주의를 되찾으려는 국민들의 뜨거운 열망을 막을 순 없었어.

"국민이 원한다면 대통령직에서 물러나겠다."

결국 이승만은 국민들의 거센 요구에 스스로 대통령의 자리에서 물러났어. 국민들이 4·19 혁명으로 짓밟힌 대한민국의 민주주의를 지켜 낸 거야.

역사 사전

민주주의
국민이 국가의 주인으로서 국가의 권력을 가지고 스스로 행동하는 정치 형태야.

☆3·15 부정 선거   ☆4·19 혁명

---

[5] **혁명** 나라, 사회, 제도를 뒤집어엎고 새것으로 바꾸는 것. [6] **총부리** 총알이 나가는 구멍이 있는 부분. [7] **무자비하다** 인정이 없고 모질다.

1 이 글을 읽고 다음 문장에 들어갈 알맞은 낱말을 골라 ◯표 해 보세요.

중심
내용

> 1960년 4월 19일, 많은 학생과 시민들이 이승만의 독재와 3·15 부정 선거를
> 비판하는 (동학 농민 운동 / 4·19 혁명)을 벌였다.

2 이 글을 읽고 빈칸에 들어갈 말로 알맞은 것을 골라 보세요. (   )

자료
해석

 　1960년 3월 15일 정부통령 선거에서 이승만 정부
는 사람들에게 돈을 주는 대가로 자신을 찍게 하거나,
자신을 찍지 않은 투표용지를 불태워 없앴다. _____
_____

① 국민들은 이 일에 대해 크게 관심을 가지지 않았다.

② 투명하고 공정하게 이루어진 선거의 모습을 보여 준다.

③ 이 일은 전국적으로 시위가 벌어지게 되는 계기가 되었다.

④ 이 일은 우리나라의 첫 번째 대통령을 뽑는 선거에서 일어난 일이다.

3 이 글을 읽고 다음 빈칸에 들어갈 알맞은 인물을 골라 보세요. (   )

내용
이해

 3·15 부정 선거에
항의하며 시위에 참여했던
고등학생 □□□ 군의 시신이
바다에서 발견되었어요.

① 김주열

② 신채호

③ 윤봉길

④ 홍범도

4 이 글의 이승만이 다음과 같이 말한다면 그 까닭은 무엇인가요? (   )

내용
이해

국민이 원한다면
대통령직에서
물러나겠다!

① 남한에서 단독 정부가 세워졌기 때문이다.

② 많은 학생과 시민들이 시위를 벌였기 때문이다.

③ 6·25 전쟁이 일어나 부산으로 피란 갔기 때문이다.

④ 군인들이 반란을 일으켜 권력을 차지했기 때문이다.

5 빈칸을 채우며, 이 글의 내용을 정리해 보세요.

핵심
정리

이승만 정부가 3·15 ㉠ [ ][ ]　[ ][ ] 를 저질러 선거에서 크게 승리했다.

⬇

고등학생 김주열이 부정 선거를 비판하는 시위에 참여했다가 목숨을 잃었다.

⬇

1960년 4월 19일, 수많은 시민들이 시위를 벌였다(4·19 혁명). 그러자
㉡ [ ][ ][ ] 은 대통령직에서 물러났다.

어휘 학습

6 낱말의 알맞은 뜻을 찾아 선으로 이어 보세요.

어휘
복습

(1) 혁명 ●

(2) 부정부패 ●

(3) 무자비하다 ●

● ① 인정이 없고 모질다.

● ② 나라, 사회, 제도를 뒤집어엎고 새것으로 바꾸는 것.

● ③ 정치, 사상, 의식 따위가 깨끗하지 못하고 썩을대로 썩음.

7 보기 에서 알맞은 낱말을 찾아 밑줄 친 말을 바꾸어 써 보세요.

어휘
적용

| 보기 | 국민 | 독재 | 유지 | 총부리 |

(1) 국가는 모든 국가를 구성하는 사람이 행복하게 살 수 있는 환경을 마련해야 한다.
➡ 국가는 모든 (　　　　　　)이 행복하게 살 수 있는 환경을 마련해야 한다.

(2) 학생들은 개인이나 집단이 모든 권력을 쥐고 마음대로 지배하는 정권에 맞서 싸웠다.
➡ 학생들은 (　　　　　　) 정권에 맞서 싸웠다.

대한민국 경제 성장의 빛과 그림자

전쟁으로 잿더미가 된 우리나라는 놀라운 경제 성장을 이뤄 냈어! 그 비결은 무엇일까?

"전쟁으로 온 나라가 잿더미가 되었습니다."

"쓰러진 나라를 다시 세우려면 경제부터 일으켜야 합니다."

6·25 전쟁으로 공장은 물론 도로와 다리 등 많은 시설들이 부서졌어. 우리나라는 경제를 일으키기 위해 공업을 발전시키는 데 모든 힘을 기울였지.

4·19 혁명 이후, 박정희는 총칼을 앞세워 정부를 무너뜨리고 권력을 차지했어. 그리고 1962년부터 ☆경제 개발 5개년 계획을 실시했지. 우리나라는 가발, 신발, 옷 등을 집중적으로 만들어 외국에 수출하며❶ 경제 성장을 이뤄 냈어.

"한국 물건은 싼 가격에 비해 품질이❷ 좋습니다!"

"신발, 가발 등은 한국 물건이 최고입니다!"

정부는 기업이 물건을 만들고 수출할 수 있도록 발전소와 고속 도로 등을 지었어.

"서울과 부산을 잇는 경부 고속 국도가 만들어진다고?"

"서울에서 부산까지 네다섯 시간이면 갈 수 있대! 물건을 쉽고 빠르게 운반할 수 있겠어."

1970년대 이후 정부는 철강❸, 기계, 배 등 많은 돈과 높은 기술이 필요한 산업까지❹ 키워 내고 그 제품을 외국에 수출하기 시작했어. 그 결과 우리나라는 수출 100억 달러를❺ 달성할 수 있었지.

"한국의 빠른 경제 성장이 놀랍습니다. ☆한강의 기적입니다!"

수출 100억 달러 달성!

1962 1967 1972 1977

---

❶ **수출하다** 우리나라의 물건이나 기술을 외국에 팔다. ❷ **품질** 물건의 좋고 나쁨을 따지는 성질. ❸ **철강** 무쇠와 강철. ❹ **산업** 사람의 생활을 풍요롭게 하기 위해 일하는 활동. ❺ **달성하다** 하려고 마음먹은 일이나 목표를 이루다.

외국에서는 우리나라의 급격한 경제 성장을 한강의 기적이라 부르며 놀라워했지.

한편, 급격한 경제 성장 과정에서 많은 문제가 생겨났어. 노동자들이 얼마 안 되는 적은 돈을 받으면서 오랜 시간 고된 일을 해야만 했거든.

"15살의 어린 노동자들은 하루에 90원이나 100원을 받으며 일하고 있습니다."

"하루에 16시간 넘게 일하고 한 달에 고작 이틀만 쉽니다."

"얼마 되지 않는 월급도 밀려 제때 받지 못하고 있습니다!"

평화 시장에서 옷을 만들던 ☆전태일은 주변 동료들이 열악한 환경에서 일하는 것을 참을 수 없었어. 그는 이러한 사실을 온 세상 사람들에게 알렸어.

"법을 지켜라! 우리는 기계가 아니다!"

전태일은 노동자들이 안전한 환경에서 마음놓고 일할 수 있게 해달라고 요구하며 자신의 몸에 불을 질렀어. 전태일의 죽음으로 사람들은 경제 성장 과정에서 희생된 노동자에 대해 관심을 가지게 되었어.

 용선생 키워드   ☆경제 개발 5개년 계획   ☆한강의 기적   ☆전태일

❻ **노동자** 물건을 만드는 데 필요한 능력을 제공하고 임금을 받는 사람. ❼ **열악하다** 품질이나 능력, 시설이 매우 떨어지고 나쁘다.

1
중심
내용

이 글을 읽고 밑줄 친 잘못된 낱말을 바르게 고쳐 써 보세요.

박정희 정부는 경제 개발 5개년 계획을 실시해 가발, 신발, 옷 등을 집중적으로 <u>수입</u>하며 경제 성장을 이뤄 내려고 했습니다.

_____

2
내용
이해

이 글의 내용과 일치하면 O표, 일치하지 않으면 X표 해 보세요.

(1) 1970년대 이후 우리나라는 철강, 배 등을 수출했다. ( )

(2) 6·25 전쟁이 일어났지만 공장과 도로 등이 멀쩡하게 남아 있었다. ( )

(3) 정부는 발전소와 고속 도로를 지어 기업이 물건을 수출할 수 있게 했다. ( )

3
추론

다음 신문 기사의 빈칸에 들어갈 제목으로 알맞은 것을 골라 보세요. ( )

철강, 기계, 배 등 국내 기업들이 만든 물건이 세계에서 우수함을 인정받아 많이 팔려 나갔다. 그 결과 우리나라는 수출 100억 달러를 달성할 수 있었다. 우리나라의 경제 성장을 지켜본 외국인들은 대한민국에서 놀라운 일이 벌어졌다고 한목소리를 내었다.

① 경제 성장의 그림자　　　　　② 한강의 기적에 세계가 놀라다!

③ 전쟁으로 파괴된 시설의 복구　　④ 낙동강의 기적, 부산의 시대를 열다!

4
내용
이해

이 글의 전태일이 다음과 같이 말한다면 그 까닭은 무엇인가요? ( )

법을 지켜라! 우리는 기계가 아니다!

① 환경 오염 문제가 심해졌기 때문이다.

② 노동자는 승진할 기회가 없었기 때문이다.

③ 기계가 사람들의 일자리를 빼앗아 갔기 때문이다.

④ 노동자들이 열악한 환경에서 일해야만 했기 때문이다.

▶ 정답과 풀이 15쪽

5 빈칸을 채우며, 이 글의 내용을 정리해 보세요.

핵심
정리

경제 성장의 빛	정부는 1962년부터 ㉠ ☐☐ ☐☐☐ 계획을 실시해 급격한 경제 성장을 이루었다. 외국에서는 이를 보고 ㉡ ☐☐ 의 기적이라고 했다.
그림자	급속한 경제 성장 과정에서 많은 노동자들이 안전하지 못한 환경에 내몰렸다.

어휘 학습

6 낱말의 알맞은 뜻을 찾아 선으로 이어 보세요.

어휘
복습

(1) 노동자 • • ① 품질이나 능력, 시설이 매우 떨어지고 나쁘다.

(2) 산업 • • ② 사람의 생활을 풍요롭게 하기 위해 일하는 활동.

(3) 열악하다 • • ③ 물건을 만드는 데 필요한 능력을 제공하고 임금을 받는 사람.

7 밑줄 친 낱말이 잘못 쓰인 문장을 골라 보세요. (　　　)

어휘
적용

① 그 마라톤 선수는 처음부터 끝까지 1등을 유지했다.

② 우리 회사의 제품은 품질이 뛰어나다는 평가를 받았다.

③ 내 친구는 오늘 열린 전국 사격 대회에서 3관왕을 달성했다.

④ 새로 생긴 초등학교는 최첨단 시설을 갖추고 있어 매우 열악했다.

29 남북 정상 회담, 평화에 한 걸음 더 나아가다

남과 북이 서로 화해의 손길을 내밀었어. 도대체 어떤 일이 있었던 걸까?

"북쪽에 오신 것을 환영합니다. 기다리고 있었습니다."

"반갑습니다, 보고 싶었습니다."

2000년 6월 평양, 비행기에서 내린 김대중 대통령이 북한의 김정일 국방 위원장과 만났어. 두 정상은 환한 얼굴로 악수와 포옹을 나눴지. 전 세계 언론은 남북 정상의 첫 만남을 앞다투어 보도했어.

남한과 북한은 6·25 전쟁 이후 오랫동안 문을 걸어 잠갔어. 하지만 평화와 통일을 위한 끈을 놓지 않았지. 그리고 그 노력이 빛을 발해 ※남북 정상 회담이 개최된 거야.

두 정상은 남북 관계를 발전시키고 평화 통일을 실현하기 위해 이틀간 길고 긴 회의를 했어. 그리고 ※6·15 남북 공동 선언을 발표했지. 이 선언에는 우리 민족끼리 힘을 합쳐 스스로 한반도의 평화 통일을 이루어 낼 것이라는 내용이 담겨 있었어. 또 전쟁으로 흩어진 이산가족들을 다시 만나게 하고, 남과 북이 경제 협력은 물론 다양한 분야에서 교류해 서로 신뢰를 쌓아 가겠다는 내용이 담겨 있었지.

남북의 교류가 한층 더 깊어지자, 사람들은 앞으로 달라질 미래에 대해 큰 희망을 가졌어.

"남북이 경제 협력을 위해 북한의 개성에 공업 단지를 짓기로 했대!"

"남북이 힘을 합쳐 제품을 만들어 내는 거네!"

남북은 공동 선언 이후 개성 공단을 세워 경제적으로 교류하고 나아가 사회, 문화, 체육 등 더 많은 분야에서 만나 의견을 나누었어.

역사 사전

이산가족
여러 가지 사정으로 헤어져서 사는 가족이야. 여기서는 남과 북으로 흩어져 살면서 서로 소식을 모르는 가족을 뜻해.

❶ **정상** 한 나라의 최고 자리에 있는 인물. ❷ **회담** 나라나 집단을 대표하는 사람들이 모여 중요한 문제를 논의하는 것. ❸ **공동** 어떤 일을 여럿이서 함께함. ❹ **공단** '공업 단지'의 줄임말로 많은 공장들이 들어선 곳. ❺ **분야** 여러 갈래에 따라서 나눈 일.

또 남북의 이산가족들이 만나 뜨거운 감격의 눈물을 나누기도 했지.

"아버지! 못난 아들의 절을 받으세요."

"전쟁 때 잃어버렸던 너를 다시 만나다니! 죽어도 여한[6]이 없구나."

남북 정상 회담 이후 남북 관계는 얼어붙었다 풀렸다를 반복했어. 북한의 핵무기 개발과 미사일 발사 등으로 인해 한반도에 예전처럼 긴장감이 감돌기도 했지.

하지만 어려운 순간에도 남한과 북한은 평화를 위한 노력을 멈추지 않았어. 그 결과, 2007년에 두 번째 정상 회담을, 2018년에 세 번째 정상 회담을 성공적으로 개최[7]했지. 남북한은 이렇게 한반도 평화를 위해 계속해서 노력하고 있어.

 용선생 키워드 ✮남북 정상 회담 ✮6·15 남북 공동 선언

---

[6] 여한 풀지 못하고 남은 한. [7] 개최하다 모임이나 회의 따위를 열다.

1 이 글을 읽고 다음 문장에 들어갈 알맞은 낱말을 골라 O표 해 보세요.

중심
내용

> 남과 북의 정상은 (남북 정상 회담 / 서울 올림픽)을 개최하고 6·15 남북 공동
> 선언을 발표했다.

2 이 글을 읽고 기자가 다음과 같이 말한 까닭을 골라 보세요. (   )

내용
적용

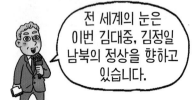

전 세계의 눈은 이번 김대중, 김정일 남북의 정상을 향하고 있습니다.

① 남과 북이 전쟁을 앞두고 만났기 때문이다.

② 남과 북이 함께 국제 대회를 열었기 때문이다.

③ 북한의 핵무기 개발로 긴장감이 돌았기 때문이다.

④ 6·25 전쟁 이후 처음으로 남북 정상이 만났기 때문이다.

3 이 글을 읽고 친구들이 잘못 말한 낱말을 찾아 바르게 고쳐 써 보세요.

내용
이해

(1) 2000년 6월, 남북의 정상들이 서울에서 만나 회담을 열었어.

잘못된 낱말: _____ ➡ 고친 낱말: _____

(2) 이 회담의 결과로 남북은 8·15 남북 공동 선언을 발표했어.

잘못된 낱말: _____ ➡ 고친 낱말: _____

4 이 글에서 다음 장면 이후에 일어난 일로 알맞지 <u>않은</u> 것은 무엇인가요? (   )

추론

2000년 6월 남북의 정상이 만났습니다!

① 남북이 6·15 남북 공동 선언을 발표했다.

② 북한이 38도선을 넘어 남한에 쳐들어왔다.

③ 전쟁으로 흩어진 이산가족이 만나게 되었다.

④ 경제 협력을 위해 개성에 공업 단지를 지었다.

▶ 정답과 풀이 16쪽

5 빈칸을 채우며, 이 글의 내용을 정리해 보세요.

핵심
정리

회담 내용	2000년 6월, 김대중 대통령이 김정일 위원장과 평양에서 만나 □□ □□ □□을 개최했다. 이들은 남북 관계를 발전시키고, 평화 통일을 위한 방법을 논의했다.
결과	남북은 6·15 남북 공동 선언을 발표해 실천하기로 했다.

어휘 학습

6 낱말의 알맞은 뜻을 찾아 선으로 이어 보세요.

어휘
복습

(1) 회담 •

(2) 여한 •

(3) 공동 •

• ① 풀지 못하고 남은 한.

• ② 어떤 일을 여럿이서 함께함.

• ③ 나라나 집단을 대표하는 사람들이 모여서 중요한 문제를 논의하는 것.

7 빈칸에 들어갈 알맞은 낱말을 보기 에서 찾아 문장을 완성해 보세요.

어휘
적용

보기	공단	공동	분야	정상

(1) 정부는 이곳에 국내 최대 규모의 ＿＿＿＿＿＿을 만들기로 했다.
ㄴ '공업 단지'의 줄임말로 많은 공장들이 들어선 곳.

(2) 세계 여러 나라의 ＿＿＿＿＿＿들이 스위스에 모여 회담을 가졌다.
ㄴ 한 나라의 최고 자리에 있는 인물.

세계로 뻗어 가는 대한민국

대~한민국,
짝짝! 짝! 짝짝!
우리나라에서는
어떤 국제 대회들이
열렸을까?

1988년, 서울에서 국제 운동 경기 대회인 올림픽이 열렸어. 전 세계 사람들은 우리나라가 *①올림픽을 성공적으로 치러 낼 수 있을지 많은 걱정을 했지.

"대한민국은 불과 얼마 전까지만 해도 전쟁으로 폐허가 된 나라가 아닙니까? 그런 나라가 국제 대회를 잘 치를 수 있을까요?"

하지만 이러한 ②우려와는 달리 우리나라는 1988년 서울 올림픽을 성공적으로 치러 냈어. 그리고 전쟁의 아픔을 딛고 우뚝 일어선 대한민국의 모습을 전 세계에 보여 주었지.

우리나라는 또 한 번 국제 대회를 치렀어. 바로 2002년 한일 *월드컵 축구 대회야.

우리나라 국가 대표팀의 경기가 있는 날이면, 남녀노소를 ③불문하고 많은 사람들이 붉은 옷을 입고 거리로 나와 응원했어.

"대~한 민국! 짝짝! 짝! 짝짝!"

사람들이 모이는 곳 어디서나 '대~한민국!' 함성이 터졌지.

대~한민국!

짝짝! 짝! 짝짝!

이렇게 뜨거운 국민들의 응원 속에 우리나라 국가 대표팀은 최초로 월드컵 4강에 오르며 좋은 성과를 냈어.

그리고 2018년, 우리나라는 30년 만에 다시 올림픽을 개최했어. 바로 2018년 평창 동계 올림픽이야. 이때에는 올림픽 사상 처음으로 남북 ④단일팀이 꾸려졌어. 남한과 북한의 선수들이 한 팀이 되어 경기에 참가한 거야.

---

❶ **올림픽** 4년마다 열리는 국제 운동 경기 대회. ❷ **우려** 어떤 일을 걱정하는 것. ❸ **불문하다** 가리지 않는다. ❹ **단일팀** 여러 팀 가운데 인원을 선발해 하나로 구성한 팀.

"남북 단일팀의 경기가 시작되었습니다. 선수들의 등장만으로도 경기에서 이기는 것보다 더 진한 감동을 주고 있네요!"

남과 북의 선수들이 한 팀을 이뤄 경기를 진행하는 여자 아이스하키 선수단에게 세계인의 박수가 쏟아졌어.

이렇게 우리나라는 올림픽, 월드컵 등 큰 국제 대회를 성공적으로 개최하면서 달라진 한국의 ❺위상을 전 세계에 뽐냈어.

이제는 더 많은 사람들이 우리나라의 문화에도 관심을 갖게 되었어. 해외에서도 우리나라에서 만든 음악을 듣고, 영화를 보며 함께 울고 웃고 즐기게 된 거야.

"우아! 여기가 한국이야 외국이야? 뉴욕 ❻한복판에서도 한국 가수의 노래가 흘러나오고 있어!"

이렇게 드라마, 영화, 대중가요 등 우리나라의 문화가 전 세계적으로 인기를 끄는 ❼현상을 ☆한류라고 해.

우리나라의 문화는 지금도 세계를 향해 뻗어 나가고 있어.

☆올림픽 　 ☆월드컵 　 ☆한류

---

❺ **위상** 다른 것들 사이에서 개인이나 단체의 위치나 수준. ❻ **한복판** 일정한 공간이나 물건의 한가운데를 강조해서 이르는 말. ❼ **현상** 직접 보거나 느껴서 알 수 있는 모습이나 상태.

1

중심 내용

이 글을 읽고 다음 문장에 들어갈 알맞은 낱말을 골라 ○표 해 보세요.

> 드라마나 대중가요 등 우리나라의 문화가 전 세계적으로 인기를 끄는 현상을 (삼류 / 한류)라고 한다.

2

내용 적용

다음 영상에서 볼 수 있는 장면으로 알맞지 <u>않은</u> 것은 무엇인가요? (   )

전 세계에 부는 우리나라의 문화 열풍!

① 일본에서 유행하는 매운 떡볶이
② 우리나라에서 유행하는 중국의 음식
③ 미국 음악 차트에서 1위를 차지한 한국 노래
④ 이란에서 높은 시청률을 기록한 한국 드라마

3

추론

이 글을 읽고 빈칸에 들어갈 낱말에 대한 설명으로 알맞은 것을 골라 보세요. (   )

▲ 호돌이

호돌이는 1988년 서울에서 개최되었던 국제 운동 경기 대회인 [   ]의 마스코트이다. 머리에는 조선 시대에 남사당패가 착용하던 모자인 상모를 쓰고 있으며, 목에는 올림픽을 상징하는 오륜 메달을 걸고 있다.

① 일본과 공동으로 개최했다.   ② 남한과 북한이 단일팀을 꾸렸다.
③ 이 대회는 성공적으로 치러졌다.   ④ 전쟁으로 대회 개최를 포기했다.

4

내용 적용

다음 신문 기사를 읽고 밑줄 친 잘못된 낱말을 바르게 고쳐 써 보세요.

> ### 헤어지기 아쉬운 남북 단일팀 "또 봅시다!"
>
> 2018년 <u>부산</u> 동계 올림픽의 폐회식이 끝난 다음날, 남북 단일팀이었던 여자 아이스하키 선수들은 눈물로 이별을 맞이했다. 비록 여자 아이스하키팀은 5번의 경기에서 모두 졌지만, 남북이 하나가 되어 경기를 펼치는 모습은 전 세계에 큰 감동을 주었다.

▶ 정답과 풀이 16쪽

5 빈칸을 채우며, 이 글의 내용을 정리해 보세요.

핵심
정리

우리나라가 개최한 국제 대회	• 1988년 ㉠ ☐☐ 올림픽을 개최했다. • 2002년 한일 월드컵 축구 대회를 개최했다. • 2018년 평창 동계 올림픽을 개최했다.
한류	우리 ㉡ ☐☐ 가 전 세계적으로 인기를 끄는 현상을 말한다.

어휘 학습

6 낱말의 알맞은 뜻을 찾아 선으로 이어 보세요.

어휘
복습

(1) 올림픽 •

(2) 단일팀 •

(3) 불문하다 •

• ① 가리지 않는다.

• ② 4년마다 열리는 국제 운동 경기 대회.

• ③ 여러 팀 가운데 인원을 선발해 하나로 구성한 팀.

7 밑줄 친 낱말의 뜻이 다음과 같은 것을 골라 보세요. (   )

어휘
적용

다른 것들 사이에서 개인이나 단체의 위치나 수준.

① 아이는 길 한복판에서 울음을 터뜨렸다.

② 약을 불필요하게 많이 먹으면 건강을 해칠 우려가 있다.

③ 백야는 밤에도 해가 지지 않고 계속 떠 있는 현상을 말한다.

④ 우리나라는 국제 행사를 성공적으로 치러내 나라의 위상을 드높였다.

역사 놀이터

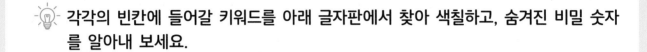

키워드로 비밀 숫자 찾기!

▶ 정답 18쪽

💡 각각의 빈칸에 들어갈 키워드를 아래 글자판에서 찾아 색칠하고, 숨겨진 비밀 숫자를 알아내 보세요.

❶ ○○○은 1960년 3월 15일에 치른 정부통령 선거에서 부정 선거를 저질렀어.

❷ 박정희 정부는 우리나라의 경제를 일으키기 위해 1962년부터 경제 ○○ 5개년 계획을 실시했어.

❸ 우리나라가 급격한 경제 성장을 이루어 수출 100억 달러를 달성한 것을 '○○의 기적'이라고 해.

❹ 남한과 북한 두 나라의 정상이 만남을 가진 것을 '남북 ○○ 회담'이라고 해.
한 나라의 가장 중요한 자리에 있는 인물.┘

❺ 6·15 남북 공동 성명 이후 남북한은 경제 협력을 위해 북한에 ○○ 공단을 지었어.

❻ 우리나라는 2002년에 일본과 함께 ○○○ 축구 대회를 공동 개최했어.

❼ 6·25 전쟁이 끝난 뒤, 전쟁 통에 가족과 헤어진 수많은 ○○가족이 생겼어.

❽ 드라마, 영화, 대중가요 등 우리나라의 문화가 전 세계적으로 인기를 끄는 것을 ○○라고 해.

금	이	한	강	이	상
강	승	후	퇴	산	류
제	만	개	발	정	강
주	월	지	하	상	릉
도	드	원	주	한	황
박	컵	개	성	류	토

▶ 비밀 숫자는 바로 _____!

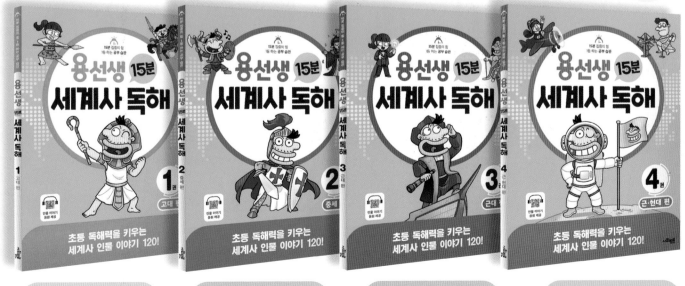

15분 집중의 힘
1등 하는 공부 습관

용선생 15분
한국사 독해

정답과 풀이

인물 이야기
음원 제공

4

개항기~현대

★개정판★
한국사
필수 어휘
수록

120명의 역사 인물 이야기로
한국사를 읽는다!

사회평론

15분 집중의 힘
1등 하는 공부 습관

용선생 15분
한국사 독해
정답과 풀이

4
개항기~현대

사회평론

01 흥선 대원군, 나라의 질서를 바로잡다

본문 8~11쪽

독해 학습

1 ㉠ 서원 ㉡ 양반
2 (1) ○ (2) X (3) X 3 (1) ㉢ (2) ㉠ (3) ㉡
4 ④ 5 흥선 대원군

어휘 학습

6 (1) ② (2) ③ (3) ① 7 (1) 세금 (2) 왕위

독해 학습

1 서원은 조선 시대에 본받을 만한 학자에게 제사를 지내고 학생들을 교육하기 위해 세웠습니다. 흥선 대원군은 전국의 서원 중 47개만 남겨 두고 모두 없앴습니다. 그리고 백성들이 군대를 가는 대신 세금으로 내던 옷감인 군포를 양반에게도 내게 했습니다.

2 (2) 흥선 대원군의 둘째 아들이 철종의 뒤를 이어 왕이 되었습니다.
(3) 양반들은 서원을 없애는 정책에 반발했습니다.

3 고종을 대신해 나라를 다스린 흥선 대원군은 양반들에게 군포를 내게 하는 등 나라의 질서를 바로잡으려고 했습니다. 그러자 양반들은 군포를 내게 되면 백성들이 양반을 무시하게 될 것이라고 주장하며 흥선대원군의 정책에 반발했습니다. 반면에 백성들은 세금 부담이 줄어들게 되어 흥선 대원군의 정책을 환영했습니다.

4 서원은 백성들에게 제멋대로 돈을 걷고, 강제로 일을 시키며 백성들을 괴롭혔습니다. 그러자 흥선 대원군은 전국에 600개가 넘게 있던 서원 가운데 47개의 서원만 남겨 두고 모두 없애라고 명령했습니다.

5 흥선 대원군은 어린 고종을 대신해서 나라를 다스렸습니다. 그는 백성들을 괴롭히던 서원을 47개만 남기고 모두 없애고, 양반들에게 군포를 내게 해 백성들의 부담을 줄여주었습니다.

02 조선에 쳐들어온 이양선을 막아라!

본문 12~15쪽

독해 학습

1 ㉠ 이양선 ㉡ 거부했다 2 (1) ○ (2) X (3) ○
3 ① 4 ④
5 ㉠ 강화도 ㉡ 척화비

어휘 학습

6 (1) ① (2) ③ (3) ② 7 ④

독해 학습

1 이양선은 '이상한 모양의 배'라는 뜻으로, 서양 배들이 우리나라 배와 달리 크고 모양도 이상하게 생겼다고 해 붙여진 이름입니다. 이들은 계속 조선에 통상을 요구했지만 조선은 이를 받아들이지 않았습니다.

2 (2) 흥선 대원군이 조선에 천주교를 퍼뜨리던 프랑스인 신부들을 죽이자, 프랑스 함대가 강화도에 쳐들어왔습니다. 조선군은 강화도에서 프랑스군과 치열하게 맞서 싸워 승리를 거두었습니다.

3 미국 함대는 통상을 요구하며 강화도에 쳐들어 왔습니다. 이에 어재연 장군이 이끄는 조선군은 미군과 치열하게 맞서 싸웠습니다. 비록 조선군은 미군과의 전투에서 졌지만, 미군은 조선군의 강력한 저항에 밀려 스스로 물러났습니다.

4 흥선 대원군은 프랑스군과 미군의 침략을 겪은 뒤 전국 곳곳에 서양과 교류하지 않겠다는 의지를 담은 척화비를 세웠습니다.

5 서양의 여러 나라들이 조선 앞바다에 나타나 통상을 요구했지만 흥선 대원군은 이를 계속 거절했습니다. 그러던 중, 프랑스 함대와 미국 함대가 통상을 요구하며 ㉠ 강화도에 쳐들어왔습니다. 조선군은 그들과 치열하게 전투를 벌이는 중에 수많은 문화재를 빼앗기거나 전투에서 패하기도 했지만 끝까지 통상을 거부했습니다. 흥선 대원군은 이후, 전국에 ㉡ 척화비를 세워 서양 세력과 교류하지 않겠다는 뜻을 분명하게 밝혔습니다.

어휘 학습

7 '단호하다'는 말투나 행동에 맺고 끊음이 분명하다는 뜻입니다. 남의 부탁을 거절하지 못하는 태도와 단호하다는 표현은 어울리지 않습니다.

03 강화도 조약으로 나라의 문을 열다

본문 16~19쪽

독해 학습

1 ③   2 수재
3 ③   4 ③
5 ㉠ 강화도 ㉡ 운요호

어휘 학습

6 (1) ② (2) ③ (3) ①   7 ④

독해 학습

1 일본은 운요호 사건을 일으켜 조선에 통상 조약을 맺을 것을 요구했습니다. 고종은 더 이상 개항을 미룰 수 없다고 판단해 일본과 근대적 조약인 강화도 조약을 맺었습니다.

2 강화도 조약은 조선에 불리한 내용들이 담긴 불평등한 조약입니다.

3 고종은 조선에도 변화가 필요하다고 생각해 강화도에 신헌을 보내 일본과의 문제를 해결하려고 했습니다. 신헌은 고종의 명에 따라 강화도에 가서 일본과 통상 조약을 맺었습니다.

4 강화도 조약에는 일본인이 조선에서 물건을 사고팔 수 있게 조선의 항구를 연다는 내용이 담겨있습니다.

오답 피하기

② 강화도 조약에는 일본인이 조선에서 잘못을 저질렀을 때 일본의 법으로 처리한다는 내용이 담겨 있습니다.

④ 강화도 조약에는 일본의 배가 조선 앞바다를 자유롭게 돌아다닐 수 있게 한다는 내용이 담겨 있습니다.

5 ㉠ 강화도 조약은 우리나라가 맺은 최초의 근대적 조약이지만 우리에게 불리한 내용이 많은 불평등한 조약입니다. 일본은 ㉡ 운요호 사건을 구실로 강화도에 나타나 통상을 요구했고 개항을 결심한 조선은 일본과 강화도 조약을 맺었습니다.

어휘 학습

7 '다른 나라와 무역을 할 수 있게 항구를 열어 배가 드나드는 것을 허락함'이라는 뜻을 가진 낱말은 '개항'입니다.

04 조선을 바꾸려다 3일 만에 실패한 김옥균

본문 20~23쪽

독해 학습

1 ②   2 (1) X (2) ○ (3) ○   3 ②
4 ①, ③   5 ㉠ 김옥균 ㉡ 우정총국

어휘 학습

6 (1) 개혁 (2) 간섭 (3) 조공
7 (1) 정변 (2) 발전 (3) 동료

독해 학습

1 김옥균은 우정총국에서 잔치가 열리는 날 정변을 일으켜 권력을 차지하고 개혁안을 발표했습니다. 하지만 청나라 군대의 공격으로 3일 만에 실패하고 말았습니다.

2 (1) 김옥균은 일본을 본받아 개화를 해야 한다고 생각했습니다.

3 김옥균은 우정총국 축하 잔치에서 정변을 일으켰습니다. 김옥균과 동료들은 청나라에 기대려는 관리들을 몰아내고 권력을 차지한 뒤 개혁안을 발표했습니다. 하지만 김옥균이 일으킨 정변은 청나라 군대의 공격으로 실패하고 말았습니다.

4 김옥균은 청나라의 간섭에서 벗어나고 신분 제도를 없애겠다는 내용을 개혁안에 담았습니다.

5 일본을 본받아 개혁을 펼쳐야 한다고 생각한 ㉠ 김옥균과 동료들은 ㉡ 우정총국 축하 잔치에서 정변을 일으켜 권력을 차지하고 개혁안을 발표했지만, 청나라 군대의 개입으로 3일 만에 실패했습니다.

05 전봉준, 농민들과 함께 일어서다

본문 24~27쪽

독해 학습

1 ㉠ → ㉢
2 ③
3 ㉢ → ㉠ → ㉡
4 우금치
5 ㉠ 전봉준 ㉡ 전주성

어휘 학습

6 (1) ① (2) ③ (3) ②
7 (1) 관아 (2) 외적

독해 학습

1 전봉준은 나쁜 관리에 맞서 백성들을 이끌고 고부 관아를 공격했습니다. 또 일본군을 조선 땅에서 몰아내기 위해 전투를 벌이기도 했습니다.

2 전봉준은 백성들과 힘을 합쳐 나쁜 관리들에 맞서 싸웠습니다.

3 ㉡ 전봉준은 백성들을 괴롭히던 관리가 있는 고부 관아를 공격했습니다. 이 사건을 해결하기 위해 내려온 관리가 백성들에게 벌을 주자 ㉠ 전봉준과 동학 농민군은 전주성을 차지했습니다. 이때 동학 농민군을 진압하기 위해 들어온 일본군이 경복궁에 쳐들어가자 ㉢ 전봉준과 동학 농민군은 일본을 몰아내기 위해 다시 군대를 일으켰습니다. 하지만 그들은 일본군에 크게 지고 말았습니다.

4 전봉준과 동학 농민군은 공주의 우금치에서 관군과 일본군에 맞서 최후의 전투를 벌였으나 크게 졌습니다.

5 ㉠ 전봉준은 백성들을 이끌고 나쁜 관리들을 물리치기 위해 고부 관아를 공격한 뒤 ㉡ 전주성까지 차지했습니다. 이에 조선 정부가 외국에 도움을 요청했고 동학 농민군은 일본군을 몰아내기 위해 전투를 벌였지만, 크게 패하고 말았습니다.

06 조선의 길을 찾아 나선 명성 황후

본문 30~33쪽

독해 학습

1 ㉠ 명성 황후 ㉡ 을미사변
2 (1) X (2) O (3) O
3 ㉠, ㉡, ㉢
4 을미사변
5 ㉠ 러시아 ㉡ 일본

어휘 학습

6 (1) 견제하다 (2) 자객 (3) 조언
7 (1) 동지 (2) 외교관 (3) 친분

독해 학습

1 고종이 직접 나라를 다스리게 되자 왕비는 고종 곁에서 많은 조언을 해 주었습니다. 한편 일본은 조선을 차지하는 데 왕비가 걸림돌이 된다고 생각하고는 궁궐에 자객을 보내 그녀를 죽였습니다.

2 (1) 고종은 22살이 되자 아버지 흥선 대원군을 제치고 직접 나라를 다스렸습니다.

3 명성 황후는 고종의 곁에서 나랏일을 조언해 주었을 뿐만 아니라 조선도 외국에 문을 열고 새로운 문물을 받아들여야 한다고 하며 여러 나라의 외교관 부인들과 자주 만나며 가까운 사이로 만들었습니다. 훗날 명성 황후는 궁궐에 침입한 일본 자객들에게 목숨을 잃었습니다.

4 다음 자료는 을미사변이 있었던 날 일어난 일을 적은 글입니다. 일본은 조선을 마음대로 휘두르려고 했습니다. 그러나 명성 황후가 러시아를 끌어들여 일본을 견제하자 일본은 자객들을 보내 명성 황후를 잔인하게 죽이고 시신을 불태웠습니다.

5 명성 황후는 일본을 견제하기 위해 더 강한 나라인 ㉠ 러시아와 손을 잡으려고 했습니다. 이에 ㉡ 일본은 궁궐 안으로 자객을 보내 조선의 외교에 힘쓴 명성 황후를 잔인하게 살해했습니다. 이 사건은 을미년에 일어난 끔찍한 사건이라는 뜻에서 '을미사변'이라고 부릅니다.

07 고종, 조선을 황제의 나라로!

본문 34~37쪽

독해 학습

1 ㉠
2 ㉢ → ㉡ → ㉣
3 ④
4 ①, ③
5 ㉠ 러시아 ㉡ 대한 제국

어휘 학습

6 (1) ① (2) ③ (3) ②
7 ④

독해 학습

1 고종은 전 세계에 조선이 독립국임을 알리기 위해서 황제의 자리에 올라 대한 제국을 세운 뒤, 다양한 개혁을 펼쳤습니다.

2 ㉠ 고종은 왕비가 일본의 자객들에 의해 죽임을 당하자 ㉢ 일본의 간섭에서 벗어나기 위해 경복궁에서 빠져나갔습니다. 그리고 ㉡ 러시아 공사관에서 머물렀습니다. ㉣ 고종은 1년 뒤 경운궁으로 돌아왔습니다.

3 조선은 그동안 중국의 황제를 섬기는 나라였습니다. 그러나 고종은 조선이 어느 나라의 간섭도 받지 않는 독립국임을 전 세계에 알리기 위해 조선을 황제의 나라인 대한 제국으로 만들었습니다.

4 고종은 대한 제국을 세운 뒤 옛것에 뿌리를 두되 새로운 것도 참고해 나라를 바로잡겠다며 개혁을 실시했습니다. 그는 전기와 교통 시설을 만들고, 나라의 땅들을 조사해 세금을 고루 거두었습니다.

5 고종은 을미사변으로 왕비를 잃은 뒤 ㉠ 러시아 공사관으로 몸을 피했습니다. 고종은 약 1년간 러시아 공사관에서 지낸 뒤, 경운궁으로 돌아와 황제의 자리에 오르고 ㉡ 대한 제국을 세웠습니다. 황제가 된 고종은 변화하는 세상에 발맞춰 다양한 개혁을 실시해 나갔습니다.

어휘 학습

7 '제국'은 황제가 다스리는 나라라는 뜻입니다. 국민이 직접 뽑은 대통령이 이끄는 대한민국은 제국과 어울리지 않습니다.

08 서재필, 독립 협회에서 자주독립을 꿈꾸다

본문 38~41쪽

독해 학습

1 ㉠, ㉣
2 (1) ○ (2) ○ (3) X
3 ①
4 ④
5 ㉠ 서재필 ㉡ 독립

어휘 학습

6 (1) ① (2) ② (3) ③
7 (1) 성금 (2) 주춧돌

독해 학습

1 서재필은 조선을 개혁하기 위해 미국에서 돌아와 『독립신문』을 만들고, 영은문의 주춧돌 앞에 독립문을 세웠습니다.

2 (3) 독립 협회는 사람들의 성금을 모아 독립문을 세웠습니다.

3 서재필은 『독립신문』을 만들었습니다. 『독립신문』은 남녀노소 상관없이 여러 분야의 많은 사람들이 사 보았고, 한글로 만들어져 한자를 모르는 백성들도 읽을 수 있었습니다. 또한 영어로도 만들어 외국에 조선의 상황을 알렸습니다.

4 영은문은 조선 시대에 중국에서 오는 사신을 맞이하던 문입니다. 독립 협회는 조선이 더 이상 어느 나라의 간섭도 받지 않는 독립국임을 알리기 위해 영은문의 주춧돌 앞에 독립문을 세웠습니다.

5 미국에 살고 있던 ㉠ 서재필은 주변의 강한 나라로부터 많은 간섭을 받는 조선을 개혁하려고 했습니다. 그는 백성들을 일깨우기 위해 『㉡ 독립신문』을 만들고 뜻이 맞는 사람들과 독립 협회를 세운 뒤 성금을 모아 독립문을 세우며 세계에 우리 민족의 자주독립 의지를 알렸습니다.

09 새로운 근대 문물을 받아들이다

본문 42~45쪽

독해 학습

1 ④   2 ②
3 ③
4 ㉠ 전차 ㉡ 활동사진

어휘 학습

5 (1) ③ (2) ② (3) ①   6 ④

독해 학습

1 이 글은 개항 이후 다양한 근대 문물들이 들어온 뒤 사람들의 의식주 생활이 어떻게 바뀌었는지를 보여 주고 있습니다.

2 이 글에는 석가탑 앞에서 기도를 드리는 사람에 대한 언급이 되어 있지 않습니다.

3 대한 제국 시기에는 길거리에 양복을 입은 남성들, 서양 옷을 입고 양산을 쓰는 여성들이 많아졌습니다.

   오답 피하기

   ① 누구나 활동사진을 볼 수 있었습니다.

   ② 이 시기에는 서양에서 커피가 들어와 맛볼 수 있었습니다.

   ④ 서양식 건물은 궁궐 안뿐만 아니라 밖에도 세워졌습니다. 대표적인 건물로는 명동 성당이 있습니다.

4 개항 이후 다양한 근대 문물들이 들어오면서 사람들의 생활에도 변화가 생겼습니다. 길거리에는 양복을 입은 남성들, 서양 옷을 입고 양산을 쓰는 여성들이 나타났고, 서울 거리에는 ㉠ 전차가 등장했으며 가로등으로 거리도 밝아졌습니다. 또한 궁궐 안팎에 여러 서양식 건물이 세워졌고, 다양한 서양 음식을 즐길 수 있었습니다. 영화도 상영했는데, 이를 ㉡ 활동사진이라고 불렀습니다.

어휘 학습

6 '문화가 발전하면서 사람이 만들어 낸 학문, 예술, 기술과 같은 것을 이르는 말'이라는 뜻을 가진 낱말은 '문물'입니다.

---

10 을사늑약, 일본에 외교권을 빼앗기다

본문 46~49쪽

독해 학습

1 ④   2 (1) X (2) ○ (3) ○
3 ①, ③   4 ③
5 ㉠ 을사늑약 ㉡ 고종

어휘 학습

6 (1) ① (2) ③ (3) ②   7 ②

독해 학습

1 일본은 관리들을 협박해서 을사늑약을 맺고는 대한 제국의 외교권을 강제로 빼앗았습니다.

2 (1) 대한 제국을 노리던 일본과 러시아는 전쟁을 벌였는데 결국 일본이 승리를 거두었습니다.

3 이토 히로부미는 대한 제국의 외교권을 넘기라는 제안을 고종이 거절하자 관리들만 따로 부른 뒤 협박을 했습니다. 그리고 제안에 반대하는 사람들을 모두 회의실 밖으로 끌어낸 뒤, 강제로 조약을 체결했습니다. 하지만 이 조약은 고종이 동의하지도 않았고, 이 문서에 도장을 찍지 않았으며 정당한 절차를 거치지 않고 강제로 체결되었기 때문에 무효라고 볼 수 있습니다.

4 고종은 을사늑약의 부당함을 세계에 알리기 위해 미국에 비밀 편지를 보내고, 국제회의가 열리는 네덜란드의 헤이그에도 특사를 보냈습니다. 일본은 이 일을 핑계로 고종을 강제로 황제의 자리에서 물러나게 했습니다.

5 일본은 대한 제국에게 ㉠ 을사늑약을 강요했습니다. 이 조약으로 대한 제국은 일본에게 외교권을 빼앗겼습니다. ㉡ 고종은 정당한 절차를 거치지 않고 강제로 체결된 을사늑약이 무효라는 사실을 전 세계에 알리고자 했지만 실패했습니다. 일본은 이 일을 빌미로 고종을 황제의 자리에서 강제로 물러나게 했습니다.

어휘 학습

7 빈칸에는 '나라와 나라 사이에 지켜야 할 항목을 정해서 약속하는 것'이라는 뜻을 가진 '조약'이 가장 적절합니다.

11 나라를 지키기 위해 의병들이 일어서다

본문 52~55쪽

독해 학습

1 ㉡, ㉢
2 (1) ○ (2) X (3) ○
3 ②
4 (1) 세종 → 고종 (2) 진도 → 간도
5 ㉠ 신돌석 ㉡ 서울

어휘 학습

6 (1) 진공 (2) 탄압 (3) 전술
7 ①

독해 학습

1 일본이 을사늑약을 맺어 대한 제국의 외교권을 빼앗자 전국 각지에서 의병이 일어났습니다. 의병들은 힘을 모아 서울 진공 작전도 펼쳤습니다.

2 (2) 평민 출신이었던 신돌석은 의병장이 되어 일본에 맞섰습니다. 신돌석은 뛰어난 전술을 바탕으로 태백산맥을 누비며 일본군과 맞서 싸웠습니다.

3 1907년 일본이 대한 제국의 군대를 해산시키자 대한 제국의 군인들은 의병 부대에 합류했습니다. 군인들이 의병 부대와 함께 싸우기 시작하면서 우리나라의 의병은 더 강해졌습니다.

4 (1) 1907년 일본은 고종을 황제의 자리에서 끌어내린 뒤 대한 제국의 군대를 해산시켰습니다.
   (2) 해산된 대한 제국의 군인들이 의병에 합류해 적극적으로 의병 활동을 펼치자, 일본은 이들을 잔인하게 탄압했습니다. 이에 의병들은 일본의 탄압을 피해 간도와 연해주로 이동했습니다.

5 의병이 대한 제국의 외교권을 강제로 빼앗은 을사늑약에 반대하며 전국에서 일어났습니다. 선비 최익현과 평민 출신의 의병장 ㉠ 신돌석 등은 의병을 일으켜 일본군과 싸웠습니다. 1907년 일본이 대한 제국의 군대를 강제로 해산하자, 해산된 군인들도 의병에 합류해 일본에 맞서 싸웠습니다. 이후 의병 연합 부대는 ㉡ 서울 진공 작전을 펼치기도 했습니다.

어휘 학습

7 빈칸에는 '씨를 말리다'의 뜻인 '어떤 것을 모조리 없애다'가 가장 적절합니다.

12 안중근, 이토 히로부미를 쏘다

본문 56~59쪽

독해 학습

1 안중근
2 ㉠, ㉡, ㉢
3 ③
4 ②, ④
5 ㉠ 하얼빈역 ㉡ 이토 히로부미

어휘 학습

6 (1) ② (2) ③ (3) ①
7 ③

독해 학습

1 안중근은 하얼빈역에서 우리나라의 침략에 앞장선 이토 히로부미를 총으로 쏴 없앴습니다. 안중근은 곧바로 체포되어 죽음을 맞이했습니다.

2 안중근은 을사늑약이 체결되자, 나라의 힘을 키우기 위해 학교를 세워 아이들을 가르쳤습니다. 그리고 일본이 주권마저 빼앗으려고 하자 연해주로 가 의병을 이끌었습니다. 이후 안중근은 하얼빈역에서 의거를 일으킨 뒤 재판장에서 당당하게 이토 히로부미가 저지른 죄들을 밝혔습니다.

3 안중근은 이토 히로부미가 만주에 온다는 소식을 듣고 동지들과 함께 의거를 계획했습니다. 안중근은 하얼빈역에 도착한 이토 히로부미를 총으로 쏘아 없애고 품속의 태극기를 꺼내 흔들며 "코레아 우라(한국 만세)!"를 외쳤습니다.

4 안중근은 재판장에서 대한 제국의 독립과 동양의 평화를 위해 이토 히로부미를 쏘아 죽였다고 말했습니다.

5 안중근은 ㉠ 하얼빈역에서 우리나라의 침략에 앞장선 ㉡ 이토 히로부미를 저격했습니다. 그 자리에서 체포된 안중근은 뤼순 감옥으로 보내졌고, 한 달 뒤에 사형을 받아 죽었습니다. 안중근의 의거는 일본의 만행을 세계에 알리는 데 큰 역할을 했습니다.

어휘 학습

7 '의거'는 정의를 위해 개인이나 집단이 의로운 일을 하는 것이라는 뜻입니다. 일제 강점기 때 일본군이 잔인한 일을 저지른 상황과 의거는 어울리지 않습니다.

13 일제, 총과 칼로 우리나라를 다스리다

본문 60~63쪽

독해 학습

1 식민지   **2** (1) ○ (2) ○ (3) X   **3** ④

4 ③   **5** ㉠ 헌병 ㉡ 태형

어휘 학습

6 (1) 독립 (2) 식민지 (3) 통치권

7 ④

독해 학습

1 1910년 대한 제국은 일제의 식민지가 되었습니다. 일제는 조선 총독부를 세웠는데 총독은 황제처럼 강한 힘을 휘둘렀습니다.

2 (3) 일본 헌병들은 한국인들만 매로 엉덩이를 때리는 형벌인 태형으로 다스렸습니다.

3 1910년 대에 일본 헌병들은 경찰의 역할까지 담당했는데, 그들은 한국인이 사소한 잘못을 저지르더라도 닥치는 대로 잡아들여 태형을 가했습니다.

4 일제는 태형 등을 통해 우리 민족을 공포로 몰아넣어 독립 의지를 끊어 버리려고 했습니다.

5 일제는 우리나라를 식민지로 삼은 뒤 조선 총독부를 세워 다스렸습니다. 일제는 군인 신분인 ㉠ 헌병에게 한국인들을 감시하게 했고, 한국인에게만 ㉡ 태형을 시행했습니다. 또 많은 독립운동가들을 잡아들여 감옥에 가두고 심하게 고문했습니다.

어휘 학습

7 '강한 힘이나 권력으로 강제로 억누름'이라는 뜻을 가진 낱말은 '강압'입니다.

14 전 재산을 독립운동에 바친 이회영과 형제들

본문 64~67쪽

독해 학습

1 ④   **2** (1) ○ (2) ○ (3) X

3 ①   **4** ②

5 ㉠ 이회영 ㉡ 신흥 강습소

어휘 학습

6 (1) ① (2) ③ (3) ②   **7** (1) ① (2) ②

독해 학습

1 이회영의 집안은 대대로 높은 벼슬을 지내며 부와 명예를 누렸습니다. 하지만 일본이 대한 제국의 외교권을 빼앗고 군대마저 해산시키자, 이회영과 형제들은 전 재산을 내놓아 돈을 마련한 뒤 만주로 건너가 독립운동을 시작했습니다.

2 (3) 이회영의 형제들은 전 재산을 팔아 치우고 만주로 가서 독립운동을 하자는 이회영의 말에 모두 동의했습니다.

3 이회영과 형제들은 나라 밖에 독립운동 기지를 마련하기 위해 고향을 떠나 만주로 갔습니다.

4 이회영은 독립을 이루기 위해서는 일본과 맞서 싸울 독립군이 필요하다고 생각했습니다. 그는 신흥 강습소를 세워 청년들이 체계적으로 공부하고 훈련받을 수 있게 했습니다.

5 ㉠ 이회영과 형제들은 독립운동을 위해 그동안 누려 왔던 부와 명예를 모두 내놓고 만주로 가 독립운동을 위한 기지를 세웠습니다. 이회영은 독립운동을 이어가기 위해서는 모두가 힘을 키워 독립을 위한 일꾼이 되어야 한다고 생각했습니다. 그래서 그는 청년들이 군사 훈련을 받을 수 있는 학교인 ㉡ 신흥 강습소를 세우고 학생들을 독립군으로 키워 냈습니다.

어휘 학습

7 (1) 이 문장에서 '기지'는 군대, 탐험대가 활동의 터전으로 삼는 곳이라는 뜻으로 쓰였습니다.

(2) 이 문장에서 '기지'는 경우에 따라 재치 있게 대응하는 지혜라는 뜻으로 쓰였습니다.

15 유관순, 죽음 앞에서도 대한 독립을 외치다

독해 학습

1 유관순은 1919년 4월 1일, 충청남도 천안의 아우내 장터에서 만세 시위를 주도했습니다.

2 민족 대표 33명은 전 세계에 우리 민족의 독립 의지를 알리기 위해 모여 독립 선언서를 작성하고 만세 시위를 벌일 계획을 세웠습니다. 1919년 3월 1일, 민족 대표 33인은 우리 민족의 독립을 선언했고 같은 시각 서울 종로의 탑골 공원에서도 수천 명의 사람들이 독립 선언서를 읽고 만세 시위를 벌였습니다.

3 16살의 학생이었던 유관순은 친구들과 함께 3월 1일 서울에서 일어난 만세 시위에 참여했습니다.

4 유관순은 감옥에 갇혀 모진 고문을 당하면서도 만세 시위를 이어 갔습니다. 이로 인해 유관순은 더욱 심한 고문을 당했고 결국 세상을 떠나게 되었습니다.

5 1919년 3월 1일 서울에서 ㉠ 만세 시위가 벌어졌습니다. 이 때 ㉡ 유관순은 자신의 고향인 충청남도 천안으로 가 만세 시위를 알리고 아우내 장터에서 시위를 이끌었습니다. 유관순은 감옥에 끌려간 뒤, 모진 고문을 받다 죽음을 맞이하고 말았습니다.

16 민족의 힘을 하나로! 대한민국 임시 정부

독해 학습

1 민족 지도자들은 곳곳에 세워진 정부들을 모아서 중국 상하이에 하나 된 대한민국 임시 정부를 만들었습니다.

2 1919년, 3·1 운동이 전국 각지에서 일어나자 민족 지도자들은 시위의 열기를 이어 나가기 위해서는 우리 민족의 힘을 모을 정부가 필요하다고 생각해 대한민국 임시 정부를 만들었습니다.

3 대한민국 임시 정부는 곳곳에 흩어진 정부들을 모아 만들어졌습니다. 이들은 독립을 이루고 난 후 세워질 정식 정부를 준비하기 위한 목적에서 만들어졌기 때문에 '임시 정부'라고 불렸습니다.

4 대한민국 임시 정부는 대한 제국의 '대한'과 국민이 주인이 되는 나라라는 뜻의 '민국'을 합쳐서 '대한민국'을 새 나라의 이름으로 지었습니다.

5 3·1 운동 이후 독립에 대한 열망이 커지자, 상하이, 경성, 연해주 등지에서 속속 정부들이 만들어졌습니다. 민족 지도자들은 각각의 정부들을 하나로 모아 중국 상하이에 대한민국 임시 정부를 세우고 국내와 국외의 독립운동을 이끌었습니다.

어휘 학습

7 빈칸에는 '머리를 맞대다'의 뜻인 '여러 사람의 의견을 모아 함께 고민하다'가 가장 적절합니다.

17 김좌진, 청산리에서 일본군을 크게 무찌르다

본문 78~81쪽

독해 학습

1 ㉢   2 ③
3 (1) ○ (2) X (3) ○   4 ③
5 ㉠ 김좌진 ㉡ 청산리 대첩

어휘 학습

6 (1) ① (2) ② (3) ③   7 (1) ① (2) ②

독해 학습

1 김좌진은 청산리 일대에서 일본군과 치열한 전투를 벌여 큰 승리를 거두었습니다.

2 김좌진은 청산리에서 홍범도가 이끄는 독립군 부대와 함께 일본군에 맞서 싸웠습니다.

3 (2) 일본군이 만주로 쳐들어오자 김좌진은 다른 독립군 부대들과 함께 힘을 합쳐 일본군을 물리쳤습니다.

4 김좌진은 홍범도가 이끄는 독립군 부대와 함께 청산리에서 일본군을 크게 물리쳤습니다. 독립군은 일본군에 비해 무기도 좋지 않았고, 병사의 수도 적었지만 하나로 똘똘 뭉쳐 죽을 각오로 싸운 끝에 승리를 거둘 수 있었습니다.

5 3·1 운동 이후 만주에 수많은 독립군 부대들이 생겨났습니다. 그러자 일제는 이들을 공격하기 위해 만주로 군대를 보냈습니다. 독립군을 이끌던 ㉠ 김좌진은 청산리에서 일본군과 맞서 싸우며 일본군에게 많은 피해를 입혔습니다. 김좌진을 비롯한 독립군은 청산리에서 일본군과 10여 차례 넘게 싸워 큰 승리를 거두었는데, 이 전투를 ㉡ 청산리 대첩이라고 합니다.

어휘 학습

7 (1) 이 문장에서 '진'은 풀이나 나무껍질에서 나오는 끈끈한 물질이라는 뜻으로 쓰였습니다.
(2) 이 문장에서 '진'은 적과 맞서 싸우기 좋게 군대를 배치한 것이라는 뜻으로 쓰였습니다.

18 신채호, 붓을 들어 민족의 심장을 깨우다

본문 82~85쪽

독해 학습

1 신채호   2 ②
3 ③   4 위인전
5 ㉠ 일제 ㉡ 조선 상고사

어휘 학습

6 (1) ③ (2) ① (3) ②   7 (1) 부당 (2) 왜곡 (3) 몰두

독해 학습

1 신채호는 역사 연구를 통해 일제가 우리나라의 역사를 왜곡하는 것을 바로잡으려고 했습니다.

2 신채호는 백두산은 물론 만주 곳곳에 있는 고구려와 발해의 유적지를 찾아다녔습니다.

3 신채호는 『대한매일신보』의 논설위원으로 신문에 일제 침략의 부당함을 알리는 날카로운 글을 써 울분에 차 있던 우리 민족을 통쾌하게 만들어 주었습니다.

4 신채호는 위기 속에서 나라를 지킨 영웅들을 찾아내 위인전으로 써 우리 민족의 자긍심을 높였습니다. 신채호가 쓴 대표적인 위인전으로는 『이순신전』, 『을지문덕전』 등이 있습니다.

5 신채호는 『대한매일신보』에 ㉠ 일제 침략의 부당함을 알리는 글을 쓰고, 민족의 자긍심을 높이기 위해 우리 역사 속의 영웅들의 이야기를 위인전으로 썼습니다. 또한 신채호는 우리나라 역사를 연구해 『㉡ 조선 상고사』를 펴내 우리나라의 고대사를 소개했습니다.

19 일제, 한국의 정신까지 빼앗으려 하다

본문 86~89쪽

독해 학습

1 ㉢
2 ③
3 ③
4 ④
5 ㉠ 한국어 ㉡ 창씨개명

어휘 학습

6 (1) ② (2) ① (3) ③
7 ③

독해 학습

1 일제는 자신들의 침략 전쟁에 한국인을 써먹기 위해 신사 참배, 한국어 사용 금지 등의 방법으로 한국인의 정신을 뜯어고치려고 했습니다.

2 일제는 여러 국가들을 침략하며 전쟁을 벌이던 중 군인이 모자라자, 한국인을 일제의 군인으로 만들려고 했습니다. 그래서 일제는 한국인의 민족의식을 없애 일제에 충성하는 군인으로 만들어 버리려는 정책을 실시했습니다.

3 일제는 한국인이 일왕에 복종하게 만들기 위해 한국에 수많은 신사를 세우고 신사 참배를 하도록 강요했습니다.

4 일제는 한국인이 창씨개명을 하지 않으면 학교나 직장에서 쫓아내거나 식량을 주지 않았습니다. 사람들은 이름을 바꾸지 않고서는 살 수 없었기 때문에 자신의 이름을 일본식으로 바꿨습니다.

5 일제는 자신들의 침략 전쟁이 본격화되자 한국인에게 신사 참배를 강요하고, ㉠ 한국어를 사용하지 못하게 했으며 황국 신민 서사를 외우게 했습니다. 또한 이름을 일본식으로 바꾸는 ㉡ 창씨개명을 강요하고 서로 고자질을 하게 해 일제의 충성스러운 군인으로 만들려고 했습니다.

어휘 학습

7 '남의 잘못을 윗사람한테 일러바치는 것'이라는 뜻을 가진 낱말은 '고자질'입니다.

20 김구, 임시 정부를 끝까지 지켜 내다

본문 90~93쪽

독해 학습

1 ㉢
2 ㉠, ㉡
3 ①
4 ④
5 ㉠ 김구 ㉡ 한인 애국단

어휘 학습

6 (1) 직책 (2) 선고 (3) 현상금
7 (1) ② (2) ①

독해 학습

1 김구는 대한민국 임시 정부에서 일본 첩자를 잡는 경무 국장을 비롯해 국무령 자리까지 오르며 임시 정부를 이끌었습니다. 또 한인 애국단을 지휘하며 한국의 독립을 방해하는 일본인들을 없애고 기관을 폭파하는 데 앞장섰습니다.

2 김구는 대한민국 임시 정부를 이끌며 독립운동을 펼쳤습니다. 또 비밀 단체인 한인 애국단을 만들었습니다.

3 김구는 명성 황후의 복수를 위해 일본인을 죽여 감옥에 갇혔습니다. 김구는 미리 파 놓은 굴을 통해 감옥에서 탈출을 하다가 발각되었지만 기적적으로 감옥의 담장을 넘어 탈출했습니다.

4 김구는 비밀 단체인 한인 애국단을 만들어 일제의 주요 인물들을 없앴습니다. 이 사실을 알게 된 일제는 김구에게 수십 채의 집을 살 수 있을 만큼 큰 현상금을 걸어 그를 잡으려고 했습니다.

5 ㉠ 김구는 대한민국 임시 정부의 사람들이 뿔뿔이 흩어질 때에도 끝까지 남아 임시 정부를 지켰습니다. 또 ㉡ 한인 애국단을 이끌며 한국의 독립을 방해하는 일본인과 기관을 폭파하는 데 앞장섰습니다.

어휘 학습

7 (1) 이 문장에서 '기관'은 어떤 일을 해 나가려고 만든 조직이나 단체라는 뜻으로 쓰였습니다.
(2) 이 문장에서 '기관'은 생명이 있는 동식물에서 어떤 기능을 맡은 부분이라는 뜻으로 쓰였습니다.

21 윤봉길, 독립의 열망을 세계에 알리다

본문 96~99쪽

독해 학습

1 윤봉길
2 ㉡, ㉢
3 ㉣ → ㉡ → ㉢
4 ③
5 한인 애국단

어휘 학습

6 (1) ③ (2) ② (3) ①
7 ②

독해 학습

1 윤봉길은 한인 애국단에 가입한 뒤 상하이 훙커우 공원에서 폭탄을 던져 일본군 사령관과 여러 일본인들을 죽거나 다치게 했습니다.

2 이봉창은 한인 애국단의 단원으로 일왕에게 폭탄을 던졌습니다. 윤봉길은 이봉창의 의거가 일어난 뒤에 한인 애국단에 가입해 상하이 훙커우 공원에서 의거를 일으켰습니다.

3 ㉠ 한인 애국단의 단원인 이봉창은 도쿄에서 일왕을 향해 폭탄을 던졌지만 실패하고 말았습니다. ㉣ 윤봉길은 이봉창의 의거를 보고 대한민국 임시 정부를 찾아갔습니다. ㉡ 이후 윤봉길은 상하이의 훙커우 공원에서 물통 폭탄을 던져 일본의 핵심 인물들에게 큰 피해를 입혔습니다. ㉢ 윤봉길은 의거 직후 일본군에게 체포되었습니다.

4 윤봉길이 던진 물통 폭탄은 행사에 참여하고 있는 일본군 사령관을 포함해 여러 일본인들에게 큰 피해를 입혔습니다.

5 한인 애국단의 단원 윤봉길은 상하이 훙커우 공원에서 열린 기념 행사에 참여해 폭탄을 던졌습니다. 윤봉길의 의거는 침체되어 있던 대한민국 임시 정부의 활동에 활기를 되찾아 주었고 우리 민족이 품은 독립의 열망을 세상에 알리는 계기가 되었습니다.

어휘 학습

7 '가장 중요하고 중심이 되는 것'이라는 뜻을 가진 낱말은 '핵심'입니다.

22 한국광복군, 광복을 위해 끝까지 싸우다

본문 100~103쪽

독해 학습

1 ① 한국광복군 ② 광복
2 ①
3 ②
4 ①, ④
5 ㉠ 군대 ㉡ 8, 15

어휘 학습

6 (1) ② (2) ① (3) ③
7 (1) 결전 (2) 진입

독해 학습

1 ① 한국광복군은 대한민국 임시 정부의 정식 군대로 미국, 영국 등 연합국과 힘을 합쳐 일본군에 맞서 싸웠습니다.
② 광복은 '빛을 되찾는다'라는 뜻으로 1945년 8월 15일 우리나라가 일제의 식민 통치에서 벗어난 사건을 가리킵니다.

2 일제는 동남아시아까지 침략하며 영향력을 넓혀갔습니다. 그러자 미국과 영국 등 연합국은 일제를 견제하기 시작했습니다.

3 한국광복군은 일제에 의해 억지로 일본군으로 끌려온 한국인들을 탈출시켰습니다.

4 1945년 8월 15일 일제가 연합국에 무조건 항복을 해 우리나라는 광복을 할 수 있었습니다. 우리가 광복을 맞이할 수 있었던 것은 우리 민족이 꾸준히 독립운동을 이어왔기 때문입니다.

5 대한민국 임시 정부는 정식 ㉠ 군대인 한국광복군을 만들고 연합국과 힘을 합쳐 일제에 맞섰습니다. 한국광복군은 인도와 미얀마에서 영국군과 함께 일본군 포로를 조사하고, 적의 정보를 수집하며 일본군에 맞서 싸웠습니다. 또 미군과 힘을 합쳐 국내로 들어올 계획도 세웠습니다. 그러던 중, 일제는 1945년 ㉡ 8월 15일 연합국에게 항복했고 한국은 광복을 맞이하게 되었습니다.

23 38도선을 경계로 남과 북이 나누어지다

본문 104~107쪽

독해 학습

1 38도선
2 (1) ○ (2) ○ (3) X
3 ④
4 남북 협상
5 ㉠ 38 ㉡ 총선거

어휘 학습

6 (1) ③ (2) ② (3) ①
7 (1) 경계 (2) 수립

독해 학습

1 광복 이후 미국과 소련은 한반도를 38도선을 경계로 남과 북으로 나눠 다스렸습니다. 미국은 한반도의 문제를 국제 연합에 넘겼지만, 소련의 반대에 부딪혔습니다. 결국 한반도의 남쪽에서만 선거를 치르기로 결정되었습니다.

2 (3) 38도선을 경계로 한반도의 북쪽은 소련군이 남쪽은 미군이 맡아 다스렸습니다.

3 국제 연합은 남북이 국회 의원을 뽑는 총선거를 실시해 통일 정부를 세울 것을 결정했습니다. 하지만 소련은 북쪽에서 선거를 치르는 것에 반대했습니다. 결국 남쪽에서만 총선거가 치러지게 되었습니다.

4 이승만이 하루빨리 남쪽에서만이라도 정부를 세우자고 한 반면에 김구는 시간이 걸리더라도 북쪽을 설득해 하나의 정부를 세워야 한다고 주장했습니다. 김구는 38도선을 넘어가 북쪽의 지도자를 만나 남북 협상을 벌이기도 했지만 이는 성과 없이 끝나고 말았습니다.

5 광복 이후, 당시 세계에서 가장 강한 나라였던 미국과 소련이 ㉠ 38도선을 경계로 한반도를 남과 북으로 나눠서 다스렸습니다. 미국과 소련은 한반도에 정부를 세우는 문제를 두고 갈등을 빚었고, 미국은 국제 연합에 한반도 문제를 넘겼습니다. 국제 연합은 ㉡ 총선거를 실시해 통일 정부를 세울 것을 결정했지만 소련이 북쪽에서 선거를 치르는 것에 반대하면서 남쪽에서만의 총선거가 결정되었습니다.

24 제헌 국회, 나라의 기틀을 만들어 나가다

본문 108~111쪽

독해 학습

1 대한민국
2 ④
3 ①
4 ③
5 ㉠ 국회 의원 ㉡ 헌법

어휘 학습

6 (1) ① (2) ③ (3) ②
7 ②

독해 학습

1 제헌 국회는 일제 강점기에 독립운동을 이끈 대한민국 임시 정부를 잇는다는 뜻으로 나라의 이름을 '대한민국'이라고 정했습니다.

2 첫 번째 대통령 선거는 국민들이 뽑은 국회 의원들이 모여서 대통령을 뽑는 방식으로 진행되었습니다.

3 첫 번째 국회 의원 선거를 통해 198명의 국회 의원들이 뽑혔습니다. 이들은 나라의 이름을 정하고 나라를 운영하는 데 기본 원칙이 되는 헌법을 만들었으며 대통령도 뽑았습니다.

4 우리 민족은 일제의 지배 아래에서 35년 간 고통을 받았고 광복 이후에도 미국과 소련의 지배를 받았기에 독립 정부를 세우고자 하는 열망이 높았습니다. 비록 남북이 통일된 정부를 세우는 데에는 실패했지만 1948년 5월 10일에 국회 의원을 뽑는 첫 번째 선거가 실시된 다음, 1948년 8월 15일 민족의 오랜 꿈이었던 독립 정부가 세워졌습니다.

5 1948년 5월 10일에 ㉠ 국회 의원을 뽑는 첫 번째 선거가 실시되었습니다. 이 선거로 뽑힌 국회 의원으로 구성된 국회는 우리나라의 새로운 이름을 정하고, 나라의 근본이 되는 법인 ㉡ 헌법을 만들었으며 이승만을 초대 대통령으로 뽑아 대한민국 정부를 수립했습니다.

어휘 학습

7 '어떤 일을 이루는 밑바탕'이라는 뜻을 가진 낱말은 '기틀'입니다.

25 6·25 전쟁, 남과 북이 총부리를 겨누다

독해 학습   본문 112~115쪽

1 ①   2 ㄴ → ㄹ → ㄷ
3 ①
4 ㉠ 인천 ㉡ 정전

어휘 학습

5 (1) ③ (2) ② (3) ①   6 ②

독해 학습

1 이 글은 남한과 북한이 엎치락뒤치락하며 싸운 6·25 전쟁의 전개 과정을 담고 있습니다.

2 ㉠ 1950년 6월 25일 북한군은 38도선을 넘어 남한에 쳐들어왔습니다. 이에 국군은 낙동강 일대까지 밀려나고 말았습니다. 한편 ㉡ 국군과 국제 연합군은 인천 상륙 작전을 성공시킨 뒤 빼앗겼던 서울을 되찾았습니다. 국군과 국제 연합군은 한반도의 북쪽까지 올라가 북한 대부분의 지역을 차지했으나 ㉢ 중국이 북한을 도와 전쟁에 참가하면서 전세가 바뀌었습니다. 이후 38도선에서 국군과 북한군의 밀고 밀리는 싸움이 계속되었고 ㉣ 결국 남한과 북한은 정전 협정을 맺었습니다.

3 6·25 전쟁 중 남한은 북한에게 서울을 두 번 빼앗겼습니다. 첫 번째는 1950년 6월 25일 북한군의 갑작스러운 침입입니다. 이 때 국군은 서울을 빼앗기고 낙동강 일대로 밀려났습니다. 두 번째는 중국군이 북한군을 도와 전쟁에 뛰어들면서 또다시 서울을 빼앗겼을 때입니다.

4 1960년 6월 25일 북한군이 남한에 쳐들어왔습니다. 북한군의 갑작스러운 공격에 국군은 서울을 빼앗기고 낙동강 일대까지 밀려났습니다. 이에 국군과 미군을 중심으로 하는 국제 연합군은 ㉠ 인천 상륙 작전을 벌여 성공하고, 서울을 다시 되찾았습니다. 하지만 중국군이 전쟁에 뛰어들면서 국군과 국제 연합군은 다시 밀려났습니다. 기나긴 전쟁은 ㉡ 정전 협정이 맺어지면서 중단되었습니다.

어휘 학습

6 빈칸에는 '허를 찌르다'의 뜻인 '약하거나 엉성한 곳을 치다'가 가장 적절합니다.

26 아물지 않는 민족의 상처 6·25 전쟁

독해 학습   본문 118~121쪽

1 ㉡   2 ②
3 ②   4 이산가족
5 ㉠ 전쟁고아 ㉡ 문화유산

어휘 학습

6 (1) 폐허 (2) 피란민 (3) 문화유산   7 ④

독해 학습

1 6·25 전쟁은 우리나라에 인적, 물적으로 막대한 피해를 남겼을 뿐만 아니라, 모두에게 씻을 수 없는 큰 상처를 주었습니다.

2 6·25 전쟁으로 철도, 도로, 공장 등 건물들이 파괴되었습니다. 그렇기 때문에 사람들은 먹고살기 위해 일을 하고 싶어도 할 수가 없었습니다.

3 6·25 전쟁이 끝난 뒤 휴전선이 그어지면서 사람들은 더 이상 남쪽과 북쪽을 오갈 수 없게 되었습니다. 따라서 피란민들은 전쟁을 피해 떠나온 고향에 다시는 돌아갈 수 없었습니다.

4 이산가족은 전쟁 통에 흩어져서 가족과 헤어진 사람들을 말합니다. 6·25 전쟁으로 남한과 북한에는 많은 이산가족들이 생겼습니다. 1983년 한국 방송 공사(KBS)가 진행한 '이산가족을 찾습니다.' 특별 생방송은 453시간 45분 동안 진행되었으며 이 방송을 통해 남한에 있던 많은 이산가족들이 서로를 찾을 수 있었습니다. 이 방송과 관련된 기록물은 그 가치를 인정받아 2015년 유네스코 세계 기록 유산으로 지정되었습니다.

5 6·25 전쟁으로 군인은 물론 민간인들도 죽거나 다쳤고, 전쟁 중에 부모를 잃은 아이들인 ㉠ 전쟁고아와 가족과 헤어진 이산가족이 많이 생겼습니다. 나라는 잿더미가 되었고 많은 산업 시설이 파괴되었으며, 수많은 ㉡ 문화유산도 불타 없어지고 말았습니다.

어휘 학습

7 '관리나 군인이 아닌 일반 사람'이라는 뜻을 가진 낱말은 '민간인'입니다.

27 부정 선거, 웬 말이냐! 4·19 혁명

독해 학습

본문 122~125쪽

1 4·19 혁명   2 ③
3 ①   4 ②
5 ⊙ 부정 선거 ⓒ 이승만

어휘 학습

6 (1) ② (2) ③ (3) ①   7 (1) 국민 (2) 독재

독해 학습

1 이승만 대통령은 1960년 3월 15일에 열린 정부통령 선거에서 부정 선거를 저질렀습니다. 이에 많은 학생과 시민들은 독재 정치와 부정 선거를 비판하는 시위를 벌였습니다. 이 시위로 이승만이 대통령 자리에서 물러났는데 이를 4·19 혁명이라고 합니다.

2 이승만 정부는 정부통령 선거에서 사람들에게 돈을 주어 이승만을 찍게 하거나, 이승만을 찍지 않은 투표용지를 모조리 불태워 버렸습니다. 또한 투표하지 않은 사람 대신 투표를 하거나, 여럿이 짝을 지어 공개적으로 투표하게 하는 등의 부정적인 방법을 사용해 선거에서 승리했습니다. 이승만의 부정 선거에 크게 분노한 국민들은 부정 선거를 바로잡고, 독재 정권을 막기 위해 전국적으로 시위를 벌였습니다.

3 고등학생 김주열은 3·15 부정 선거에 항의하며 시위에 참여했다가 경찰의 최루탄에 맞아 죽은 채로 바다에서 발견되었습니다. 이 일이 알려지자 국민들의 분노가 폭발했고 시위는 전국으로 퍼져 나가게 되었습니다.

4 많은 학생과 시민들이 거리로 쏟아져 나와 독재와 부정 선거를 비판하는 시위를 벌이며 압박하자 이승만은 대통령의 자리에서 물러났습니다.

5 이승만 정부가 3·15 ⊙ 부정 선거를 저질러 정부통령 선거에서 승리하자 이에 분노한 학생과 시민들의 시위가 벌어졌습니다. 이때 고등학생 김주열이 시위 과정에서 죽음을 맞이하기도 했습니다. 이 사건을 계기로 4월 19일 전국적으로 학생과 시민들이 시위에 나섰고 결국 ⓒ 이승만은 대통령의 자리에서 물러났습니다.

28 대한민국 경제 성장의 빛과 그림자

독해 학습

본문 126~129쪽

1 수출   2 (1) ○ (2) X (3) ○
3 ②   4 ④
5 ⊙ 경제 개발 5개년 ⓒ 한강

어휘 학습

6 (1) ③ (2) ② (3) ①   7 ④

독해 학습

1 박정희 정부는 경제를 일으켜 세우기 위해 경제 개발 5개년 계획을 실시해 가발, 신발, 옷 등을 집중적으로 만들어 외국에 수출하며 경제 성장을 이루어 냈습니다.

2 (2) 6·25 전쟁으로 공장, 도로, 다리 등 많은 시설들이 무너져 온 나라가 잿더미가 되었습니다.

3 한강의 기적은 6·25 전쟁 이후 빠르게 성장한 대한민국의 경제를 가리키는 말입니다. 제2차 세계 대전 이후 독일의 경제 발전을 라인강의 기적이라고 부르는 것을 본뜬 것으로 정부와 국민들이 열심히 노력한 결과 우리나라가 급격한 경제 성장을 이뤘음을 나타냅니다.

4 평화 시장에서 옷을 만들던 전태일은 노동자들이 열악한 환경에서 오랜 시간 고된 일을 하는 것에 참지 못하고 시위에 나섰습니다. 전태일은 노동자들이 안전한 환경에서 일할 수 있게 해 달라고 요구하며 자신의 몸에 불을 질렀습니다.

5 박정희 정부는 1962년부터 ⊙ 경제 개발 5개년 계획을 실시해 빠른 경제 성장을 이루었습니다. 외국에서는 수출 100억 달러를 달성할 정도로 성장한 한국을 보고 ⓒ 한강의 기적이라고 불렀습니다. 하지만 급속한 경제 성장 과정에서 많은 노동자들이 열악한 환경에 내몰려 희생되기도 했습니다.

어휘 학습

7 '열악하다'는 품질이나 능력, 시설이 매우 떨어지고 나쁘다는 뜻입니다. 깔끔한 시설을 갖추고 있는 초등학교의 상태와 열악하다는 표현은 어울리지 않습니다.

29 남북 정상 회담, 평화에 한 걸음 더 나아가다

본문 130~133쪽

독해 학습

1 남북 정상 회담
2 ④
3 (1) 서울 → 평양 (2) 8 → 6
4 ②
5 남북 정상 회담

어휘 학습

6 (1) ③ (2) ① (3) ②
7 (1) 공단 (2) 정상

독해 학습

1 남한과 북한의 정상인 김대중과 김정일은 2000년에 남북 정상 회담을 개최하고 남북 관계 발전과 평화 통일을 실현하기 위한 논의를 해 6·15 남북 공동 선언을 발표했습니다.

2 6·25 전쟁 이후 처음으로 남북 정상 회담이 열렸습니다. 이 회담은 전쟁 이후 남북 정상의 첫 만남이었기 때문에 남북한의 국민뿐 아니라 전 세계의 관심을 받았습니다.

3 (1) 2000년 6월, 남북의 정상들은 평양에서 만나 회담을 가졌습니다.
(2) 남북 정상 회담의 결과로 남북은 6·15 남북 공동 선언을 발표했습니다.

4 6·15 남북 공동 선언을 발표한 뒤 남북은 전쟁으로 흩어졌던 이산가족이 서로 만날 수 있도록 하고, 공업 단지인 개성 공단을 세워 경제적으로 교류하면서 서로 간에 신뢰를 쌓아갔습니다.

5 남한의 김대중 대통령과 북한의 김정일 위원장은 2000년 6월, 전쟁 이후 처음으로 개최된 남북 정상 회담에서 한반도의 평화를 위한 길고 긴 회의를 진행했습니다. 남북은 이틀간의 회의 내용을 바탕으로 6·15 남북 공동 선언을 발표하며 우리 민족끼리 힘을 합치고 교류하며 신뢰를 쌓아가겠다는 의지를 드러냈습니다.

30 세계로 뻗어 가는 대한민국

본문 134~137쪽

독해 학습

1 한류
2 ②
3 ③
4 평창
5 ㉠ 서울 ㉡ 문화

어휘 학습

6 (1) ② (2) ③ (3) ①
7 ④

독해 학습

1 한류란 해외에서 우리나라의 드라마나 대중가요가 흥행하는 것과 같이 한국의 문화가 전 세계적으로 인기를 끄는 현상을 가리킵니다.

2 우리나라에서 유행하는 중국의 음식은 우리나라의 문화가 전 세계적으로 인기를 끄는 현상인 한류에 해당하지 않습니다.

3 대한민국은 세계인의 우려에도 불구하고 1988년 서울 올림픽을 성공적으로 개최했습니다. 이 대회를 통해 국제 사회에 대한민국의 발전된 모습을 보여 줄 수 있었습니다.

4 2018년에 대한민국에서 개최된 동계 올림픽은 평창 동계 올림픽입니다. 이때 여자 아이스하키 선수단은 남북 단일팀으로 꾸려졌습니다.

5 대한민국은 1988년 ㉠ 서울 올림픽을 성공적으로 개최해 국제적인 위상을 드높였습니다. 그 뒤를 이어 2002년에는 일본과 공동으로 월드컵을 개최해 4강 진출이라는 훌륭한 성적을 이루어 냈고, 2018년에는 평창에서 동계 올림픽을 개최했습니다. 한편 전 세계에 한국의 드라마, 대중가요, 음식 등 우리 ㉡ 문화가 크게 인기를 끌었는데 이를 한류라고 합니다.

어휘 학습

7 '특정한 상황에서의 위치나 상태'라는 뜻을 가진 낱말은 '위상'입니다.

본문 28쪽

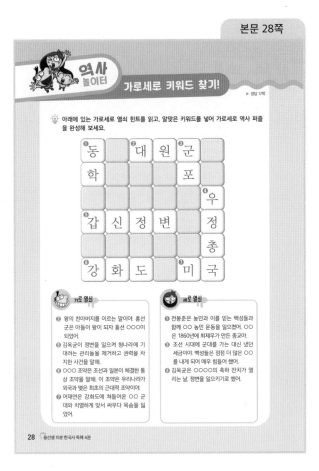

역사 놀이터 가로세로 키워드 찾기!
▶ 정답 17쪽

아래에 있는 가로세로 열쇠 힌트를 읽고, 알맞은 키워드를 넣어 가로세로 역사 퍼즐을 완성해 보세요.

동		대	원	군	
학				포	
					우
갑	신	정	변		정
					총
강	화	도		미	국

가로 열쇠
❷ 왕의 친아버지를 이르는 말이야. 흥선군은 아들이 왕이 되자 흥선 OOO이 되었어.
❸ 김옥균이 정변을 일으켜 청나라에 기대려는 관리들을 제거하고 권력을 차지한 사건을 말해.
❹ OOO 조약은 조선과 일본이 체결한 통상 조약을 말해. 이 조약은 우리나라가 외국과 맺은 최초의 근대적 조약이야.
❺ 어재연은 강화도에 쳐들어온 OO 군대와 치열하게 맞서 싸우다 목숨을 잃었어.

새로 열쇠
❶ 전봉준은 농민과 이를 믿는 백성들과 함께 OO 농민 운동을 일으켰어. OO은 1860년에 최제우가 만든 종교야.
❷ 조선 시대에 군대를 가는 대신 냈던 세금이야. 백성들은 점점 더 많은 OO를 내게 되어 매우 힘들어 했어.
❸ 김옥균은 OOOO의 축하 잔치가 열리는 날, 정변을 일으키기로 했어.

본문 50쪽

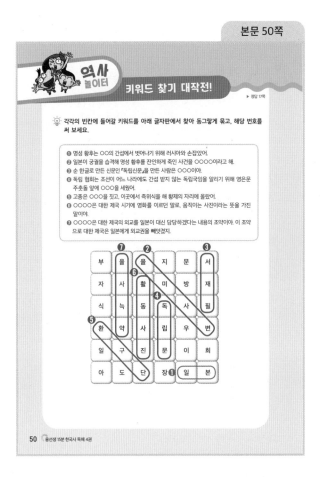

역사 놀이터 키워드 찾기 대작전!
▶ 정답 17쪽

각각의 빈칸에 들어갈 키워드를 아래 글자판에서 찾아 동그랗게 묶고, 해당 번호를 써 보세요.

❶ 명성 황후는 OO의 간섭에서 벗어나기 위해 러시아와 손잡았어.
❷ 일본이 궁궐을 습격해 명성 황후를 잔인하게 죽인 사건을 OOOO이라고 해.
❸ 순 한글로 만든 신문인 '독립신문」을 만든 사람은 OOO이야.
❹ 독립 협회는 조선이 어느 나라에도 간섭 받지 않는 독립국임을 알리기 위해 영은문 주춧돌 앞에 OOO을 세웠어.
❺ 고종은 OOO을 짓고, 이곳에서 즉위식을 해 황제의 자리에 올랐어.
❻ OOOO은 대한 제국 시기에 영화를 이르던 말로, 움직이는 사진이라는 뜻을 가진 말이야.
❼ OOOO은 대한 제국의 외교를 일본이 대신 담당하겠다는 내용의 조약이야. 이 조약으로 대한 제국은 일본에게 외교권을 빼앗겼지.

부	을	을	지	문	서
자	사	활	방	미	재
식	늑	동	독	사	필
환	약	사	립	우	변
일	구	진	문	이	회
아	도	단	장	일	본

본문 72쪽

역사 놀이터 키워드로 비밀 숫자 찾기!
▶ 정답 17쪽

각각의 빈칸에 들어갈 키워드를 아래 글자판에서 찾아 색칠하고, 숨겨진 비밀 숫자를 알아내 보세요.

❶ 일제가 대한 제국의 군대를 해산시키자 대한 제국의 군인들이 OO 부대에 합류했어.
❷ 안중근은 OOO역에서 우리나라를 빼앗는 데 앞장선 이토 히로부미를 처단했어.
❸ 일제는 대한 제국을 식민지로 만든 다음, 조선 OOO를 설치해 한국인을 다스렸어.
❹ 일제 강점기에 일본 헌병들은 한국인들에게만 OO을 가했어.
    └ 매로 엉덩이를 때리는 형벌
❺ OOO과 형제들은 재산을 모아 만주에 신흥 강습소를 세웠어.
❻ OOO은 1919년 4월 1일 천안의 아우내 장터에서 만세 시위를 이끌었어.

베	이	회	영	하	사
이	태	선	자	얼	우
징	형	의	병	빈	회
김	코	아	해	총	시
옥	고	래	연	독	수
균	유	관	순	부	왕

▶ 비밀 숫자는 바로 ___9___!

본문 94쪽

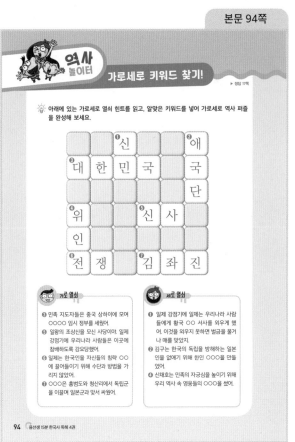

역사 놀이터 가로세로 키워드 찾기!
▶ 정답 17쪽

아래에 있는 가로세로 열쇠 힌트를 읽고, 알맞은 키워드를 넣어 가로세로 역사 퍼즐을 완성해 보세요.

		신		애	
대	한	민	국	국	
				단	
위		신	사		
인					
전	쟁	김	좌	진	

가로 열쇠
❸ 민족 지도자들은 중국 상하이에 모여 OOOO 임시 정부를 세웠어.
❺ 일왕의 조상신을 모신 사당이야. 일제 강점기에 우리나라 사람들은 이곳에 참배하도록 강요당했어.
❻ 일제는 한국인을 자신들의 침략 OO에 끌어들이기 위해 수단과 방법을 가리지 않았어.
❼ OOO은 홍범도와 청산리에서 독립군을 이끌며 일본군과 맞서 싸웠어.

새로 열쇠
❶ 일제 강점기에 일제는 우리나라 사람들에게 황국 OO 서사를 외우게 했어. 이것을 외우지 못하면 벌금을 물거나 매를 맞았어.
❷ 김구는 한국의 독립을 방해하는 일본인을 없애기 위해 한인 OOO을 만들었어.
❹ 신채호는 민족의 자긍심을 높이기 위해 우리 역사 속 영웅들의 OOO을 썼어.

역사 놀이터 — 키워드 찾기 대작전!

▶ 정답 18쪽

각각의 빈칸에 들어갈 키워드를 아래 글자판에서 찾아 동그랗게 묶고, 해당 번호를 써 보세요.

❶ 한인 애국단의 단원이었던 ○○○은 상하이 훙커우 공원에서 폭탄을 던졌어.
❷ 대한민국 임시 정부가 일본과 맞서 싸우기 위해 만든 정식 군대는 한국○○○이야.
❸ 미국과 ○○은 38도선을 경계로 한반도를 남과 북으로 나눠 다스렸어.
❹ 우리나라의 첫 번째 선거를 통해 뽑힌 국회 의원들로 구성된 국회를 말해.
❺ ○○○은 우리나라의 첫 번째 대통령으로 뽑혔어.
❻ 6·25 전쟁 당시, 국제 연합군은 국군과 함께 ○○ 상륙 작전을 펼쳤어. 이 작전으로 국군과 국제 연합군은 서울을 되찾고 한반도 북쪽 끝까지 올라갔지.
❼ 6·25 전쟁을 멈추기 위해 정전 협상을 벌였어. 그 결과, 남북한 사이에는 ○○○이 그어졌지.

역사 놀이터 — 키워드로 비밀 숫자 찾기!

▶ 정답 18쪽

각각의 빈칸에 들어갈 키워드를 아래 글자판에서 찾아 색칠하고, 숨겨진 비밀 숫자를 알아내 보세요.

❶ ○○○은 1960년 3월 15일에 치른 정부통령 선거에서 부정 선거를 저질렀어.
❷ 박정희 정부는 우리나라의 경제를 일으키기 위해 1962년부터 경제 ○○ 5개년 계획을 실시했어.
❸ 우리나라가 급격한 경제 성장을 이루어 수출 100억 달러를 달성한 것을 '○○의 기적'이라고 해.
❹ 남한과 북한 두 나라의 정상이 만남을 가진 것을 '남북 ○○ 회담'이라고 해.
　　한 나라의 가장 중요한 자리에 있는 인물. ↵
❺ 6·15 남북 공동 성명 이후 남북한은 경제 협력을 위해 북한에 ○○ 공단을 지었어.
❻ 우리나라는 2002년에 일본과 함께 ○○○ 축구 대회를 공동 개최했어.
❼ 6·25 전쟁이 끝난 뒤, 전쟁 통에 가족과 헤어진 수많은 ○○가족이 생겼어.
❽ 드라마, 영화, 대중가요 등 우리나라의 문화가 전 세계적으로 인기를 끄는 것을 ○○라고 해.

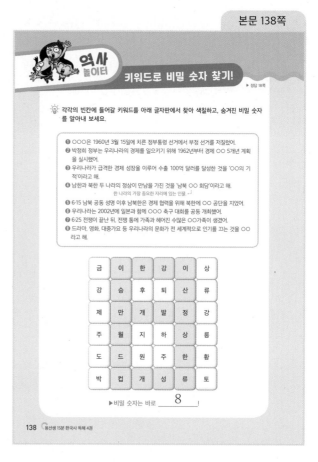

▶ 비밀 숫자는 바로 ___8___!

MEMO

MEMO

지금껏 어디에도 없던 과학책이 왔다!

용선생의 시끌벅적 과학교실 — 화학 반응

글 김영호 | 구성 사회평론 과학교육연구소 | 그림 김연하·용선생·윤호석 | 감수 노석구 | 캐릭터 이우일

고흐가 사랑한 노란 물감의 정체는?

전 40권

용선생 역사 시리즈의 명성 그대로!
용선생이 새롭게 과학수업을 시작합니다!

글 사회평론 과학교육연구소 | 캐릭터 이우일 | 권 당 11,800원

용선생의 시끌벅적 과학교실

★ 재미있게 술술 읽다 보면 어느새 과학 지식이 머리에 쏙!
★ 실생활 속 호기심을 해결하며 과학적 사고력도 쑥쑥!
★ 생생한 사진, 알찬 4컷 만화로 더욱 즐거운 공부!

★ 과학 교육 전문가들이 5년 동안 심혈을 기울여 개발!
★ 최신 과학 교과서 완벽 반영!

사회평론

★★★★★

한국사 학습에 필요한 필수 어휘까지 잡았다!

"용선생 한국사 독해 시리즈만 풀리면 어휘 교재는
따로 안 사도 되겠네요!"   홍*영_초1·초3 학부모

"왕위, 관직, 폐하, 정권, 정변…. 역사책에는
자주 등장하지만 아이에게 바로 설명해주기 어려운
어휘까지 콕 집어 설명해 주네요!"   유*은_초3 학부모

"사회 교과서에 자주 등장하는 역사 용어가 다 있어요. 어떠한
역사책도 거뜬히 읽어 낼 수 있는 어휘력을 기를 수 있습니다!"
강보민 선생님(해밀독서연구소 소장)

"한국사 인물 이야기를 읽다 보면 한국사의 흐름이 잡힙니다.
초등 5학년 사회 공부가 쉬워지겠어요!"
변규리 선생님(라별에듀)

"교재를 시작하더니 한국사가 정말 재밌대요!
하루에 여러 챕터 푼다고 하는 거 겨우 말렸어요."   조*선_초3 학부모

"이제 한국사 공부는 아이가 스스로 알아서 합니다.
하루 중 가장 먼저 집어 드는 교재예요."   윤*영_초4 학부모

	초등학교	학년	반
이름			

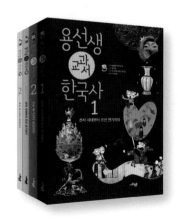